Lienhard — Die Schriftspuren des Rap

Schon in jungen Jahren begeisterte sich Lorena Victoria Lienhard für Sprachen und Schreiben und fand ihre Passion im Analysieren der Rap-Kultur. Mit einem laufenden PhD-Studium an der Universität Zürich vertieft sie ihre Expertise.

Lorena Victoria Lienhard

Die Schriftspuren des Rap

Das Primat der Schrift in Raplyrics durch die Linse von Jacques Derrida und Judith Butler

Königshausen & Neumann

Bibliografische Information der Deutschen Nationalbibliothek

Die Deutsche Nationalbibliothek verzeichnet diese Publikation in der Deutschen Nationalbibliografie; detaillierte bibliografische Daten sind im Internet über http://dnb.d-nb.de abrufbar.

Gedruckt auf säurefreiem, alterungsbeständigem Papier

Umschlagabbildungen:
Jacques Derrida (Wikicommons: https://en.wikipedia.org/wiki/File:Jacques_derrida_pardonner_limpardonnable_et_limprescriptible_22.jpg)
Judith Butler (Wikicommons: https://commons.wikimedia.org/wiki/File:JudithButler2013.jpg)
Letzter Zugriff: 04.07.2024

Umschlag: skh-softics / coverart
Bindung: docupoint GmbH, Magdeburg

Printed in Germany

ISBN 978-3-8260-8868-1
eISBN 978-3-8260-8869-8

www.ebook.de
www.buchhandel.de
www.buchkatalog.de

Inhaltsverzeichnis

Abstract

Rap ist definiert als eine rhythmische und gesungene Form der Sprache, deren Definition die Oralität widerspiegelt. Dies könnte zunächst zu der Annahme führen, dass Rap für den mündlichen Vortrag konzipiert ist. Der Rap offenbart sich durch die Verwendung von Intertextualität, Stilmitteln und Reimen als vielschichtige Form der Bedeutungsgestaltung, die eine präzise schriftliche Ausarbeitung verlangt. Diese Masterarbeit befasst sich mit dieser Rolle der Schrift im Bereich des Rap anhand der dekonstruktiven Methode von Jacques Derrida. Ein grundlegender Schwerpunkt ist Derridas Behauptung, dass die Schrift als eigenständige und primäre Sinnquelle betrachtet werden sollte. Dies steht im Kontrast zur traditionellen Auffassung, wonach die Schrift von der gesprochenen Sprache abgeleitet ist. Thematisiert wird Derridas Auseinandersetzung mit den Werken Ferdinand de Saussures und Edmund Husserls. Das Konzept der Performativität von Judith Butler wird ebenfalls beleuchtet, welches die Bedeutung des Körpers und die Rolle von Performance in der Erschaffung sozial konstruierter Realitäten betont. Im Mittelpunkt der Arbeit steht das Herausarbeiten der Dominanz der Schrift anhand ausgewählter Rap-Texte aus dem deutschen und englischen Raum. Dieses Thema der Schrift als Primat wird in den Rap-Texten von den Rappern/Rapper*innen selbst thematisiert und fordern uns Hörer*innen auf, die Vorherrschaft der Schrift zu geben. Um dies zu bestätigen, werden diese Raps sowohl inhaltlich als auch stilistisch anhand rhetorischer Stilmittel und des Rap-Lexikons analysiert und interpretiert. Durch die Einbeziehung dieser sprachlichen Analyse in Bezug auf Derridas Konzept der Schrift und Butlers Konzept der Performativität wird die Prämisse eines schriftlichen Konzepts im Rap bestätigt. Die Masterarbeit belegt die These, dass die performative Stimme des Rap sich ihrer Verankerung in der Schrift ständig bewusst sein und diese reflektieren muss, um ihre künstlerische Ausdruckskraft zu bewahren.

Danksagung

Durch ein Seminar mit Professor Daniel Nielaba erhielt ich eine anregende Einführung in die tiefgründigen Schichten des Rap. Diese Gespräche und Diskussionen lösten bei mir eine regelrechte Begeisterung aus und führten zu einer kontinuierlichen Auseinandersetzung mit diesem facettenreichen Genre. Besonders inspiriert hat mich die Frage, ob Rap gesprochene oder nicht genuin geschriebene Kunst ist. Dies veranlasste mich dazu, die Rolle der Schrift - die gerade in zahlreichen Raplyrics thematisiert wird - zu untersuchen.

Mein aufrichtiger Dank gebührt Professor Nielaba für seine anregende Initiative bei der Wahl dieses faszinierenden Themas sowie für seine fortwährende Unterstützung, fachkundige Anleitung und ermutigende Ratschläge während meiner gesamten Masterarbeit.

Ein zweiter besonderes Dankeschön geht an Felix Buschor für seine herausragende Unterstützung und präzisen Einblicke, die zur Weiterentwicklung und Verfeinerung dieser Arbeit beigetragen haben. Ich möchte mich auch bei meiner Familie und meinen Kommilitonen für ihre bedingungslose Unterstützung, ihre ermutigenden Worte und ihre Geduld während des gesamten Prozesses bedanken.

Einleitung

> Es sieht leicht aus,
> doch Rapper sein ist schwer.
> Manchmal gibt der Kopf halt den Geist auf
> und Blätter bleiben leer.[1]

In den letzten Jahren hat der Rap eine Metamorphose von einem einst marginalen Genre zu einer weltweit beliebten und einflussreichen Musikform der Jugendkultur erlebt.[2] Rap wird als eine Form des Sprechgesangs verstanden, bei dem die Texte in einem rhythmischen und oft schnellen Tempo vorgetragen werden.[3] Die Komponente des Sprechens profiliert die Mündlichkeit des Textes. Infolgedessen mag die Hypothese, dass Rapper*innen den geschriebenen Text zugunsten der mündlichen Darbietung vernachlässigen könnten, auf den ersten Blick plausibel erscheinen. Aufgrund dieser Gedanken wurden zahlreiche Studien zur Analyse von Raptexten durchgeführt, die sich zunehmend auf den Text konzentrieren und Rap als „diskursive Symbolik" betrachten.[4] In diesen Studien zeigten sich im Bereich des Rap eindeutige Hinweise auf die Verwendung sprachlicher Techniken, wie rhetorische Stilmittel (Figuren und Tropen) und Reime, die dazu beitrugen, die poetische Dimension dieses Genres herauszuarbeiten.[5] Dies wirft die Frage auf, ob die Ableitung des vermeintlichen Akronyms (oder Backronyms[6]) „Rap" als Abkürzung für „Rhythmus und Poesie" zutreffend ist, so wie es von Rapper*innen verstanden wird.[7]

Der Rapper MoTrip profiliert diese poetische Dimension in seinen Lyrics: Die eingangs zitierte Zeile gewährt Einblick in den kreativen Schreibprozess des Rappers/der Rapperin, welcher als schriftliche Manifestation eines Gedankens auf einem Blatt Papier beginnt. Zugleich zeigt MoTrip praktisch durch die Verwendung des assonanten Doppelreims („leicht aus" mit „Geist auf" und „Rapper sein ist schwer" mit „Blätter bleiben leer") das stilistische Repertoire von Reimen. Trotz seiner mündlichen Präsentation betont MoTrip, dass Rap vorgängig in schriftlicher Form verfasst wird und zugleich bestimmte Fähigkeiten benötigt, was durch vorherige Forschungsarbeiten

1 MoTrip 2012.

2 Vgl. Stapleton 1998, S. 219.

3 „Rap", in DWDS.

4 Vgl. Androutsopoulos 2003, S. 17.

5 Vgl. Lüdtke 2006, S. 37f.

6 Ein Backronym bedeutet, dass ein bestehendes Wort (hier Rap) in ein Akronym umgewandelt wird, um seinen Ursprung zu ergründen. „Backronym", in Dictionary.com.

7 Vgl. Depta 2015, S.

bestätigt wird.[8] Obwohl man also zunächst meinen könnte, dass Rap primär für den mündlichen Vortrag geschaffen ist, erfordern die vielschichtigen und komplexen Lyrics eine schriftliche Vorarbeit.[9] MoTrip unterstreicht diese schriftliche Komponente, indem er Rap als scheinbar leicht aus*sehen*d beschreibt, anstatt zu behaupten, dass Rap leicht zu *hören* ist. Dies führt zur Frage, ob Rap, angesichts seiner Abhängigkeit vom geschriebenen Text, letztendlich auf eine genuin schriftliche Ausdrucksform zurückzuführen ist. Diese Frage der Vorherrschaft der Schrift thematisieren eine beträchtliche Anzahl an Rapper*innen direkt in ihren Raptexten. Sie proklamieren den Prozess des Aufschreibens als integralen Bestandteil ihres Schaffensprozesses. Ein anschauliches Beispiel hierfür liefert MoTrip in seinem Refrain: „Viele Leute sagen, man soll nicht mehr übers Schreiben schreiben".[10] Trotzdem praktiziert er genau das, indem er über das Schreiben rappt, das er zuvor auf Papier gebracht hat. Diese Feststellung stellt die gängige Definition von Rap als Sprechgesang in Frage.

Laut Wiegel fehlt gerade dieser Aspekt der Reflexion der Schriftlichkeit in einer „wissenschaftliche[n] Analyse deutscher Raptexte fast gänzlich".[11] Dieses Forschungsdefizit hat den Anstoss für die vorliegende Untersuchung gegeben, die sich insbesondere auf die Analyse von Raptexten konzentriert, die die Bedeutung der Schriftlichkeit an sich thematisieren.

In dieser Masterarbeit wird eine epistemologische Reflexion verfolgt, um das Primat der Schriftlichkeit im Bereich des Rap unter Anwendung der dekonstruktiven Methodologie von Jacques Derrida zu untersuchen. Das Primat der Schrift bezieht sich auf die Idee, dass die Schrift in bestimmten Diskursen und Denksystemen eine primäre Rolle bei der Konstruktion von Bedeutung und Wissen spielt.[12] Für die vorliegende Arbeit bedeutet dies, dass das Schreiben im Bereich des Rap als zentrales Element betrachtet wird, das die Grundlage für den mündlichen Auftritt (Performanz) der Rapper*innen bildet.

Die Struktur dieser Arbeit gliedert sich in vier Hauptkapitel. Im ersten Kapitel wird der Begriff des Rap eingeführt und auf seine formalen und sprachlichen Merkmale hin analysiert, um die Grundlage für die praktische Untersuchung der Schriftlichkeit zu schaffen. Insbesondere werden die Elemente der schriftlichen Gestaltung in den Raptexten erläutert. Dabei werden prototypische Methoden des Rap wie die Verwendung von Intertexten und Zitaten, Reimen und rhetorischen Stilmitteln diskutiert.

8 Vgl. Bielefeldt 2006, S. 137.

9 Vgl. Lüdtke 2006, S. 37f.

10 Motrip 2012.

11 Wiegel 2010, S. 14.

12 Vgl. Derrida 1979.

Das zweite Kapitel befasst sich mit den Begriffen „Schriftlichkeit“ und „Mündlichkeit“ aus sprachwissenschaftlicher Perspektive. Im Mittelpunkt dieser Untersuchung steht Derridas Kritik am Strukturalismus, wonach die Schrift von der gesprochenen Sprache abgeleitet ist. Er plädierte für eine Neuausrichtung dieser Perspektive und spricht sich dafür aus, der Schrift eine primäre und autonome Rolle bei der Gestaltung unseres Verständnisses von Sprache und Bedeutung zuzuweisen. Diese Diskussion stützt sich auf wegweisende Werke wie Ferdinand de Saussures *Cours de linguistique générale*[13] sowie *Die Stimme und das Phänomen* von Edmund Husserl.[14]

Das dritte Hauptkapitel dieser Arbeit widmet sich der performativen Ästhetik des Rap. Dabei werden die Begriffe „Performativität“ und „Performanz“ untersucht. Im Rahmen der Erforschung der performativen Sprechakte im Raps ist John Austin als Pionier der performativen Konzepte in der Sprachphilosophie von wesentlicher Bedeutung. Derrida kritisiert Austins Sprechakttheorie der Fixierung eines Originals der Sprache, indem er die iterative Natur der Sprache hervorhebt.[15] Austin schloss in seiner ursprünglichen Definition der performativen Äusserungen die Wiederholung von Zeichen aus, während Derrida argumentiert, dass diese Wiederholung eine zentrale Rolle bei der Konstruktion von Bedeutung spielt.[16] Mit der Untersuchung der Begriffe Performativität und Performanz treten Judith Butler und Erika Fischer-Lichte in den Fokus. Butler hebt die Bedeutung des Körpers als Medium zur Manifestation sozial konstruierter Möglichkeiten durch performatives Handeln hervor.[17] Fischer-Lichte erweitert diese Perspektive durch die Untersuchung der Körperlichkeit und der Auswirkungen von Aufführungen.[18] In beiden Forschungsthemen wird ebenfalls das Performative als Form der Iteration (Wiederholung von Zeichen) und Neuinszenierung betont. Der Bogen zu Derridas Überlegungen zur iterativen Natur der Sprache verdeutlicht dabei die zentrale Rolle der Schrift bei der Vermittlung von Bedeutung, auch bei der mündlichen Darbietung von Rap.[19] So etabliert sich eine performative Ästhetik des Rap, die die künstlerische Inszenierung von Raptexten in den Vordergrund stellt, die einer schriftlichen Vorbereitung bedarf.

Im abschliessenden Kapitel erfolgt eine Analyse ausgewählter Raplyrics sowohl aus dem deutschen als auch aus dem englischen Raum. Diese Lyrics

13 De Saussure 1967.

14 Vgl. Derrida 2003; 1979.

15 Vgl. Derrida 1995.

16 Vgl. Ebd.

17 Vgl. Butler 2002.

18 Vgl. Fischer Lichte

19 Vgl. Derrida 1999, S. 344.

werden sowohl inhaltlich als auch stilistisch anhand der rhetorischen Stilmittel und des Rap-Lexikons detailliert analysiert und vertieft. Darüber hinaus wird auf die Konzepte von Derrida und Butler Bezug genommen.

Diese Masterarbeit zielt darauf ab, die Methoden und Strategien zu analysieren, durch die die Stimme im Rap ihre Wurzeln in der Schriftlichkeit betont und reflektiert. Dabei stellt sich die Frage, wie Derridas dekonstruktive Methodologie genutzt werden kann, um das Verständnis des Rap als primär auf schriftlicher Basis operierende Kunstform zu erweitern. Die Konzepte von Derrida und Butler bieten Einblicke in die Betrachtung der Schriftlichkeit als grundlegendes Element im Rap. Diese Forschungsfragen führen zur These, dass sich die performative Stimme des Rap kontinuierlich daran erinnern und reflektieren muss, dass sie auf Schrift basiert.

Gegenstandsanalyse des Rap

Definitionsversuch von Rap

„‚Rapping,' while used synonymously to mean ordinary conversation, is distinctively a fluent and lively way of talking which is always characterized by a high degree of personal style", wird das Verb rappen in einem Aufsatz über die Sprache der afroamerikanischen Gemeinschaft, aus den Vereinigten Staaten 1972, formuliert.[1] Die Definition weist den Rap als eine sprachlichen Ausdrucksform der Afroamerikaner aus, die sich aus der Alltagsrhetorik entwickelt hat.[2] Er leitet sich vom englischen „rap" ab, was so viel wie „Plauderei" oder „Konversation" bedeutet, und bezieht sich auf den rhythmischen und oft rasanten Gesang in der Popmusik.[3] Das Verb „to rap" übernimmt die Funktion eines verbum dicendi, d.h. eines „Verbs des Sagens" ohne singulären Bedeutungsbezug.[4] Solche facettenreiche Bezeichnungen umfassen „schwätzen"[5], „selbstbewusstes Sprechen"[6], oder „Sprüche klopfen".[7] In Bezug auf die Bedeutung des Klopfens spekuliert der Slang-Lexikograf Clarence Major, dass Rap möglicherweise aus der kommunikativen Praxis des Klopfens zwischen den Zellen durch Häftlinge entstanden sein könnte.[8] Diese Herleitungshypothese des Begriffs Rap aus dem englischen Verb „to rap" (klopfen oder schlagen) verdeutlicht die zugrunde liegenden rhythmischen Elemente, die bis in die heutige Zeit den Rap charakterisieren.[9] Gleichzeitig existiert eine weitere Hypothese zur Herleitung des Begriffs Rap von den französischen Wörtern „repartee" (Schlagfertigkeit), „rapide" (schnell) und „rapport" (Bericht).[10] Gerade letztere Beispiele verdeutlichen, dass Rap im Vergleich zu anderen Musikgenres durch seinen rezitativen Charakter gekennzeichnet ist, bei dem die Worte nicht gesungen, sondern vorgetragen werden. Im Laufe der Jahre sind daraus verschiedene Definitionen entstanden, darunter Rap „als gesprochene Texte bzw. Wörter"[11] oder die häufig

1 Kochman 1972, S. 242.

2 Vgl. Androutsopoulos 2003, S. 119.

3 „Rap", in: Duden.

4 „Verbum dicendi", in: Wörterbücher zur Sprach- und Kommunikationswissenschaft (WSK).

5 Vgl. Buss 1998, S. 259.

6 Vgl. Mager 2007, S. 73.

7 Vgl. Büttner 1997, S. 157.

8 Vgl. Major 1994, S. 376

9 Vgl. Safire 1995, S. 40f.

10 Vgl. Buss 1998, S. 259.

11 Vgl. Wiegel 2010, S. 15.

anzutreffende Beschreibung als eines „rhythmisch akzentuierten Sprechgesangs“.[12] Darüber hinaus wird das Substantiv Rap nicht nur als rhythmische, sondern gerade als poetische Referenz betrachtet und damit als künstliches Akronym für „rhythm and poetry“[13] bezeichnet. Folglich ergibt sich die nachfolgende Definition von Rap, welche als eine mündliche Ausdrucksform verstanden wird, bei der Sprechtexte durch rhythmische und reimschematische Elemente miteinander verknüpft werden, wodurch sie die Struktur eines Sprechgedichts aufweisen. Diese spezifische Begriffsdefinition wird in dieser Masterarbeit verwendet.

Die Entwicklung des Rap

Der Hip-Hop strebte nach einem Narrativ, nach einer Erzählung. Dieses Kapitel in der Geschichte bekam er in den 1980er Jahren. In dieser Dekade erlebte das Hip-Hop-Genre einen rasanten Aufstieg, insbesondere der Rap explodierte förmlich in der Bronx, New York.[14] Diese Zeit und dieser Ort gelten als Geburtsstätte des Rap, wo er als Ausdrucksform der afroamerikanischen Gemeinschaften entstand. In den Strassen der Bronx wurden von den sogenannten MCs (Master of Ceremonies)[15] rhythmische und reimende Vorträge gehalten, die sich im Laufe der Zeit zu dem Musikgenre entwickelten, das wir heute als Rap kennen. In diesem Prozess haben sich verschiedene Stile, Techniken und Themen im Rap entwickelt, die die Vielfalt und Dynamik dieses Genres widerspiegeln.[16] Die Bandbreite der Rap-Styles reicht von aggressiven Battle-Raps über politisch engagierte Texte bis hin zu persönlichen Geschichten und poetischen Metaphern. Diese Themenvielfalt und stilistische Bandbreite machen den Rap zu einem zentralen Element der Hip-Hop-Kultur. In der wissenschaftlichen Literatur wird der Begriff Hip-Hop synonym zu Rap verwendet, um das Musikgenre zu beschreiben.[17] Neben dem Rap umfasst die Hip-Hop-Kultur eine Vielzahl anderer Elemente, darunter „Erfrischungsgetränke, Spirituosen, Freizeitkleidung, Haute Couture, Automobile, Sportveranstaltungen, Elektronik, Schuhe, Zigarren, Schmuck, Wohnungen“.[18] Zusammen bilden sie ein kohärentes Gefüge kultureller Ausdrucksformen, das die Jugendkultur und die Musikszene ab den

12 Bielefeldt 2006, S. 137.

13 Vgl. Schneider 2011, S. 12.

14 Vgl. Wolbring 2015, S. 15.

15 „Master of ceremonies“, in: Oxford English Languages.

16 Vgl. Stapelton 1998, S. 219.

17 Vgl. Wolbring 2015, S. 88.

18 Tate 2003, S. 8. Übers. von Lorena.

1980er Jahren massgeblich beeinflusst.[19] In dieser Zeit hatte die erste Erfolgswelle ihren Zenit erreicht, und mit dem Aufkommen von Run DMC manifestierte sich eine folgenreiche Rap-Revolution.[20] Ihm folgten namhafte Rapper wie N.W.A., Russel Simmons und Def Jam, Dr. Dre und Snoop Doggy Dogg, 2Pac und The Notorious B.I.G, Puff Daddy und aktuell Eminem, besser bekannt als Slim Shady.[21] Selbst dreissig Jahre nach ihrer Entstehung in den Weiten der South Bronx in New York ist ein Ende der Hip-Hop-Kultur nicht absehbar. Auch in Deutschland ist „[d]ie Musik der Gegenwart Hip-Hop", wie Diederich Diederichsen bereits 1993 deklarierte.[22] Die weltweite Rezeption von Rap-Musik hat dazu geführt, dass sie in neuen sozialen und sprachlichen Kontexten produktiv adaptiert wurde.[23] Seit 1990 hat das wissenschaftliche Forschungsinteresse am Hip-Hop erheblich zugenommen. Was einst als Nischenphänomen begann, hat sich zu einer globalen Jugendkultur ausgeweitet.

Die Sprache des Rap

> That night, I started writing rhymes in my spiral notebook. [] For days I filled page after page. [] The paper in the binder was unlined, and I filled every blank space on every page. [] Everywhere I went I'd write. If I was crossing a street with my friends and a rhyme came to me, I'd break out my binder, spread it on a mailbox or lamppost and write the rhyme before I crossed the street.24

Im Jahr 2010 veröffentlichte Jay Z, einer der ersten und prominentesten Rapper, seine Autobiografie *Decoded*, in der er seinen Werdegang und sein Leben als Rapper reflektiert. In dem obigen Zitat betont er die zentrale Rolle des Schaffensprozesses im Rap, bei dem eine präzise und schriftbasierte Konzeption der Texte im Vordergrund steht. Jay-Z betont die essenzielle Rolle des Reims in seinen Texten nachdrücklich und verdeutlicht, dass es

19 Vgl. Wolbring 2015, S. 15.

20 Vgl. Androutsopoulos 2003, S. 139.

21 Vgl. Androutsopoulos 2003, S. 139.

22 Diederichsen 1993, S. 11.

23 Vgl. Androutsopoulos 2003, S. 463.

24 Carter 2010. S. 11-12.
Übersetzung: In dieser Nacht begann ich, Reime in mein Spiralheft zu schreiben. Das Papier in der Mappe war unliniert, und ich füllte jedes freie Feld auf jeder Seite. Wenn ich mit meinen Freunden eine Strasse überquerte und mir ein Reim einfiel, holte ich meine Mappe heraus, breitete sie auf einem Briefkasten oder Laternenpfahl aus und schrieb den Reim, bevor ich die Strasse überquerte

sich dabei um einen bewussten und durchdachten künstlerischen Prozess handelt. Seiner Ansicht nach ist Rap eine Form der Poesie, Kunst und Literatur.[25] Jay-Z führt aus: „Since rap is poetry, and a good MC is a good poet, you can't just half-listen to a song once and think you've got it".[26] Er betont, dass die Aufgabe eines Rappers/einer Rapperin darin besteht, die Tiefe und Komplexität der gesprochenen Poesie zu vermitteln, die in den Texten des Rap verankert ist und ihn erst zum Rap macht.[27] Diese Herangehensweise soll bei den Hörer*innen und Leser*innen den Eindruck erwecken, dass alle Texte der MCs Poesie sind, wenn man sie nur genau genug betrachtet.[28] In ähnlicher Weise bringt der deutsche Rapper Kolja Goldstein diese tiefgreifende Bedeutungsebene auf den Punkt:

> Wenn man sich Zeile für Zeile genau anschaut, was ich da sage, der kommt auf eine ganze Geschichte und versteht was ich dahinter meine [] Lies zwischen den Zeilen [] Nochmals eine zweite und dritte Dimension.[29]

Die Betonung der Mehrschichtigkeit in Rap und die Notwendigkeit, „zwischen den Zeilen zu lesen" und die „zweite und dritte Dimension" zu berücksichtigen, weisen auf die komplexen und profunden Eigenschaften der Raptexte hin. Die Hörer*innen werden aufgefordert, die Texte nicht nur oberflächlich zu verstehen, sondern tiefergehend zu analysieren, um die versteckten Bedeutungen, Metaphern und subtilen Botschaften zu erkennen. Die „zweite und dritte Dimension" bezieht sich auf die verschiedenen Interpretationsebenen, die in den Texten vorhanden sein können. Dies erfordert eine sorgfältige schriftliche Vorbereitung, bei der Worte und Ausdrücke bewusst gewählt und angeordnet werden, um die profunden Botschaften des Rap auszudrücken.[30]

Auch Androutsopoulos konstatiert, dass der Einsatz der Sprache im Rap bis zu einem gewissen Ausmass gesteuert wird, um die formalen Merkmale zu optimieren und sich an das Zielpublikum anzupassen.[31] Diese Ansicht bestätigt die Notwendigkeit, sich über einen längeren Zeitraum intensiv mit verschiedenen Formulierungsvarianten auseinanderzusetzen. Der Rapper

25 Vgl. Carter 2010, S. 19; 40.

26 Carter 2010, S. 40.

27 Vgl. Carter 2010, S. 40.

28 Vgl. Carter 2010, S. 139.

29 Nejati 2023, 15:24.

30 Vgl. Lüdtke 2006, S. 34-38.

31 Vgl. Androutsopoulos 2010, S. 20.

Kollegah bestätigt dies: „Ich investiere viel Zeit in meine Texte, die sind alle perfektioniert. Da stimmt jedes Detail".[32]

Rap ist demnach eine inszenierte Sprache. Die Sprache fungiert als das Zeichensystem des Rap und gleichzeitig als Mittel zur gesellschaftlichen Kommunikation über die Hip-Hop-Kultur.[33] So folgen die MCs beim Erstellen ihrer Lyrics den impliziten oder inhärenten „dichterischen Regeln oder Maximen" des Rap-Genres.[34] Diese sprachlichen Regeln und Maximen ist ein wesentlicher Bestandteil einer empirischen Untersuchung von Rap, die im Folgenden näher erläutert wird, um eine gründliche Analyse von Raptexten zu ermöglichen.

Aufbau eines Raps – Rap-Rhetorik

Die Rhetorik bedeutet in der Literaturwissenschaft die „[o]perationalisierte Fertigkeit wirkungsvollen Redens".[35] Innerhalb der römischen Rhetoriktheorie ist dieser Begriff als „officia oratoris" oder „Aufgaben des Redners" bekannt.[36] Diese „Aufgaben" werden in fünf aufeinanderfolgende Produktionsphasen unterteilt, die ein geordnetes Vorgehen beim Verfassen einer Rede vorgeben. Diese Phasen umfassen das Finden von Argumenten und Gedanken (inventio), gefolgt von der sachgerechten Anordnung der Inhalte (dispositio) und dem sprachlich-stilistischen Ausdruck (elocutio).[37] Dieser Begriff „elocutio" wurde bereits im Jahr 1763 von Gottsched verwendet und bezieht sich auf die Ausarbeitung oder die Verfeinerung der sprachlichen Ausdrucksweise.[38] Innerhalb dieses Kontextes charakterisiert Gottsched diese sprachlichen Ornamente als „Schreibart".[39] Es ist eben jener Begriff, der darauf hinweist, dass gerade in der Schrift dekorative Ausdrücke verwendet werden. Gerade in dieser dritten Phase, der elocutio, manifestiert sich somit die ästhetische Ausgestaltung, was als Ornatus oder auch „wichtigstes in der Rhetorik gelehrtes Wirkungsmittel" bezeichnet wird.[40] Dieses umfasst sowohl die „figurae elocutionis" (Wortfiguren) als auch die „figurae senten-

32 Marquardt 2011.
33 Vgl. Androutsopoulos 2003, S. 111.
34 Vgl. Fricke und Stuck 2007, S. 100.
35 Vgl. Braungart und Till 2007, S. 290.
36 Vgl. Ebd.
37 Vgl. Ebd.
38 Vgl. Braungart und Till 2007, S. 433.
39 Vgl. Ebd.
40 Vgl. Braungart und Till 2007, S. 532; 771.

tiae“ (Gedankenfiguren).[41] Diese rhetorischen Stilmittel spielen eine wichtige Rolle in der sprachlichen Gestaltung des Rap. Die Produkte des Schaffensprozesses sind Texte, das heisst begrenzte sprachliche Einheiten. Sobald sie fertiggestellt sind, werden sie als weitgehend unveränderlich behandelt und als „vollendete ästhetische Objekte“ betrachtet.[42] Die vierte Phase, die Einprägung der Rede (memoria), ist von grosser Bedeutung und wird als grundlegende Voraussetzung für die fünfte Phase, die effektive Präsentation (actio/pronuntiatio), betrachtet.[43]

Diese Phasen sind insofern von Bedeutung, als der Rap sich an die Prinzipien der rhetorischen Sprache anlehnt, denn die Rap-Rhetorik bezieht sich auf diese stilistischen und sprachlichen Merkmale in Raptexten.[44] Ob auf der Ebene der Intertexte, durch Vergleiche, Metaphern oder Reime – es ist gerade diese fortwährende sprachliche Abstraktion und spielerische Verwendung, die die treibenden Kräfte der Raptexte darstellt und komplexe Assoziationsmuster schafft.[45]

Das Zitat und der Intertext im Rap

Wenn man Raptexte aus der Perspektive der rhetorischen Phasen betrachtet, lassen sich die Phasen der inventio (Themenfindung) und dispositio (Gliederung) als initiierende Schritte identifizieren. Häufig wird vorhandenes Material verwendet, umgestaltet und wiederverwendet. Rapper E-40, der seinen Erfolg in den 80er Jahren in Amerika genoss, äusserte sich zum Rap: „Its like patterns, You’ve got to rap in patterns.“[46] Auch Rapper Kollegah gibt an, dass er in der Regel keine völlig neuen Rap-Verse verwendet, sondern die erfolgreichsten seiner früheren Verse auswählt und sie zu etwas Neuem kombiniert.[47] In diesem Kontext erweitert Lüdtke die Analyse von Rap, indem sie ihn als „technisierte Oralität“ beschreibt, weil im Rap wiederkehrende formelhafte Phrasen aufeinandertreffen.[48] Dies weist auf eine Form kreativer Wiederverwendung von sprachlichen Elementen hin, wie in Zitaten oder Intertexten. Das Zitieren und kontinuierliche Samplen akustischer und sprachlicher Archive ist auch gemäss Potter ein grundlegendes Merkmal der

41 Vgl. Braungart und Till 2007, S. 772.

42 Vgl. Grübel 1979, S. 27.

43 Vgl. Braungart und Till 2007, S. 290.

44 Vgl. Potter 1995, S. 64, 81-82.

45 Vgl. Potter 1995, S. 82.

46 Kabango, Hip-Hop Evolution: Das Geschäft aus dem Kofferraum, 22:00.

47 Vgl. Hartung 2009.

48 Vgl. Lüdtke 2006, S. 34-38.

Hip-Hop-Praxis: „[T]he fundamental practice of Hip-Hop is one of citation, of the relentless sampling of sonic and verbal archives".[49] Er betont die Vorgehensweise, bereits Vorhandenes zu übernehmen, es für den Konsum aufzubereiten und durch die Techniken des „Sampling" und „Cutting" in Neuartiges zu verwandeln. In der Rapmusik werden sprachliche Elemente wie Zitate verwendet, indem vorhandene Wörter und Sätze kreativ neu arrangiert werden, um so neue Bedeutungen zu schaffen. Diese Vorgehensweise entspricht dem Konzept des „Sampling" in der Musikproduktion.[50] „Cutting" hingegen bezeichnet das Zerschneiden von Teilen aus Schallplatten, um sie in neuen Stücken zu verwenden.[51] In diesem Sinne erläutert Diedrichson Rap als „ein Zerreissen von vorgegebenen Formen, wobei diese erkennbar bleiben/bleiben sollen (Collage, De-Collage, Eklektizismus, Sample, Zitat)".[52] Die Auffassung von Rap als einem kreativen Akt des Zerreissen und Neugestaltens vorgegebener Formen, wie Diedrichson es beschreibt, korreliert stark mit der Perspektive von Karin Wenz. Wenz betont, dass Texte nicht isoliert als unabhängige „Originale" betrachtet werden sollten, sondern vielmehr als Produkte, die aus dem Zusammentreffen und der Vermischung bereits existierender Texte hervorgehen.[53] Dies impliziert, dass Sprache einen inhärenten Zitatcharakter oder Intertextualität aufweist.[54] Somit ist der Rap ein „dynamic mix of re-citation and signification".[55] Es handelt sich beim Rap um eine kreative Praxis, die bestehende Elemente wiederholt aufgreift (re-citation), während sie gleichzeitig neue Bedeutungen und Sinnzusammenhänge schafft (signification), indem sie diese Elemente in einem neuen Kontext verwendet oder mit anderen kombiniert. Dadurch wird deutlich, dass der Rap durch einen primär schriftlichen Prozess geformt wird, als ein Zitat aus Zitaten.[56] Somit verdeutlicht das Zitat und die Verwendung von Intertext die Prädominanz der poetischen Funktion im Rap.[57] Rapschaffende reproduzieren bereits etablierte sprachliche Zeichen, womit sie gerade durch die schriftliche Form ihrer Texte Bedeutung erzeugen.[58] Dieser zitatmässige Charakter zeigt sich des Weiteren in „flipping" und „biting" im Hip-Hop.

49 Potter 1995, S. 53.

50 „Sampling", in: DWDS.

51 „Cutting", in: DWDS.

52 Diederichsen 1993, S. 35.

53 Vgl. Wenz 1998, S. 163.

54 Vgl. Krämer 1998, S. 42.

55 Vgl. Potter 1995: 71-72.

56 Diese Auffassung wird in Kapitel 4, in dem Derridas Haltung zu Rap und Performance untersucht wird, näher erläutert.

57 Vgl. Wolbring 2015, S. 111.

58 Dies wird folgenden Kapitel 3 in Derridas Konzept der Schrift als Urschrift und der différance ausgeführt.

Der Begriff „biting" hat eine negative Konnotation und bezieht sich auf die bewusste Übernahme ästhetischer Innovationen anderer Kreativer*innen.[59] In der Hip-Hop-Kultur wird dieser Begriff verwendet, um fehlende Originalität anzuklagen. „Flipping" bezeichnet die gekennzeichnete oder kommentierende Rekontextualisierung, Zitation oder Veränderung des ursprünglichen Materials.[60]

Gerade durch die Neugestaltung des Materials, wie auch in der Struktur der Reime oder durch eine veränderte Bedeutung im Kontext, entstehen gewollte Effekte.[61] Dies schliesst nicht aus, dass Lyrics aus spontaner Improvisation entstehen können. Sie durchlaufen jedoch mehrere Bearbeitungsphasen, in denen die Künstler*innen den Reim und andere formale Eigenschaften ihrer Texte optimieren und sie an rhythmische Vorgaben anpassen. So ist unumstritten, dass das fertige Produkt, das mündlich gerappt wird, sich in seinen Produktionsbedingungen vom spontanen Diskurs unterscheidet. Der Rap, der gerade als Form des Dichtens betrachtet wird, erfordert daher eine schriftliche Manifestation als Grundlage.[62] Um mögliche Unsicherheiten im Zusammenhang mit Freestyle als spontane Sprache zu klären, kann man auf den lateinischen Begriff memoria verweisen. Dieser bezeichnet die rhetorische Phase, in der das Merken von Phrasen als Voraussetzung für das anschliessende Rappen definiert wird. Tatsächlich ist beim Freestyle nicht alles so improvisiert, wie es auf den ersten Blick scheint. Freestyler*innen haben grosse Mengen vorgefertigter Formulierungsbausteine im Gedächtnis abgelegt, wie beispielweise 50 Cent bekennt: „I was cheating because we were supposed to be freestyling, but I ended up writing my shit. My stuff came out better than theirs because I had thought my shit out".[63] Auch Bektas hatte sich vor seinem ersten Freestyle über Monate ein Reimvokabular im Gedächtnis abgelegt[64], und Lyrixs spricht in diesem Zusammenhang von einem „Standardrepertoire, das man modifiziert".[65] Jay Z bediente sich dieser Strategie des Auswendiglernens, weil er sich nicht auf das Material der schriftlichen Sicherung verlassen wollte: „So I created little corners in my head where I stored rhymes".[66] Somit definiert sich die Konzeption des Freestylen als Assemblage vorgefertigter Textfragmente, als eine Art Res-

59 Vgl. Schloss 2004, S. 106.

60 Vgl. Schloss 2004, S. 106.

61 Vgl. Wolbring 2015, S. 107.

62 Vgl. Wolbring 2015, S. 202.

63 50 Cent und Kris Ex 2006, S. 164.

64 Vgl. Güngör und Loh 2002, S. 204.

65 Vgl. Verlan 2003, S. 62.

66 Carter 2010, S. 226.

source, auf die Rapper*innen zurückgreifen. Neben Zitaten und Intertexten ist dies besonders bei der Analyse von Reimen von Interesse.

Der Reim

„Write a rhyme in graffiti and every show you see me in/deep concentration cause I'm no comedian", rappt Rakim.[67] Im Gegensatz zu vielen anderen MCs, die in den 1980er Jahren noch leichte, unterhaltsame Texte verfassten, wird Rakim als ernsthafter Künstler, als Dichter und tiefgründiger Denker dargestellt.[68] Mit der Verwendung von Graffiti als Metapher für das Schreiben von Reimen weist Rakim darauf hin, dass er seine Texte als dauerhafte Kunstwerke betrachtet, die einen bleibenden Eindruck hinterlassen sollen. Rakim betont dabei die Schriftlichkeit und den künstlerischen Wert seiner Reime und bemüht sich, Rap als eine Form der anspruchsvollen und nachhaltigen Kunst zu gestalten.

Der Reim ist zweifellos eines der prägenden Merkmale von Raptexten und gilt als essenzieller Bestandteil dieser Kunstform. Er wird daher von Scholz treffend als „prototypischer Rap-Ornatus" bezeichnet.[69] Bradley bestätigt dies und stellt fest, dass der Rap den Reim wie keine andere Kunstform feiert.[70] Die Beats im Rap erfüllen eine wichtige Funktion als externe Metren, die durch ihre regelmässige Betonung der Beats 2 und 4 ein jambisches Versmass in der Versifikation des Textes unterstützen.[71] Hinzu kommen andere „taktierende" Versarten, wie z. B. der Knittelreim[72], ein vierhebiger, paarweise gereimter Vers mit freien, unregelmässigen Senkungen.[73] Der Doppelreim, der mindestens zwei betonte Silben umfasst, ist auch im deutschsprachigen Rap ein häufig verwendetes Stilmittel.[74] Des Weiteren gibt es den sogenannten Zweckreim, bei denen Wörter verwendet werden, die offensichtlich nur aus Gründen des Reimes eingesetzt werden.[75] Auch im Rap wird der Binnenreim, bei dem sich die Wörter in Versen reimen, häufig verwendet.[76] Solche Formulierungen dienen dazu, die Aufmerksamkeit auf den

67 Carter 2010, S. 19.

68 Vgl. Carter 2010, S. 19.

69 Vgl. Scholz 2003, S. 245.

70 Bradley 2009, S. 51.

71 Vgl. Wolbring 2015, S. 292.

72 Vgl. Küper 1988, S. 280.

73 „Knittelvers", in: DWDS.

74 Vgl. Güngör und Loh 2002, S. 297.

75 Vgl. Bradley 2009, S. 70

76 „Binnenreim", in DWDS.

Reim selbst zu lenken, selbst wenn die Bedeutung möglicherweise weniger stark ist. Dieses Phänomen verdeutlicht auch Weimars Aussage: „Reim und Bedeutung bilden eine latente Opposition, in der im Zweifelsfall der Reim stärker ist als die Bedeutung".[77] Der Rap ist somit in hohem Masse von metrischen Strukturen geprägt und lässt sich durch „Kriterien der sprachlichen Gestaltung" beschreiben.[78] Die Rapper*innen analysieren sorgfältig Faktoren wie die Anzahl der Silben in einem Reim, die Komplexität des Sprechrhythmus und die Originalität von Wortspielen.[79] Dies geschieht mit dem Verständnis, dass eine herausragende Beherrschung dieser Techniken zu einer höheren Anerkennung innerhalb der Rap-Gemeinschaft führt.[80] Jay-Z betont diesen künstlerischen Aspekt mit den Worten: „As an MC I still loved rhyming for the sake of rhyming, purely for the aesthetics of the rhyme itself—the challenge of moving around couplets and triplets, stacking double entendres, speed rapping [] working on being the best MC, technically, to ever touch a mic".[81] Das Zitat von Jay-Z unterstreicht nicht nur die Herausforderung des Reimens selbst, sondern weist auch auf einen entscheidenden Aspekt hin: Die technische Ausarbeitung des Reims erfolgt bereits in schriftlicher Form, bevor er mündlich (über das Mikrophon) vorgetragen wird.

Die rhetorischen Stilmittel im Rap

Auf das vorherig erläuterte Zitat von Rakim kommentierte Jay Z: „He was approaching rap like literature, like art".[82] Rapper*innen, die die Raptexte als Literatur, als Kunstwerk bezeichnen, lassen uns als Hörer*innen dieses Genre in einer neuen Dimension als poetisches Werk erkennen. Diese Sichtweise erweitert die Wahrnehmung des Rap-Genres, indem es nicht nur als musikalische Unterhaltung, sondern auch als eine Form von Poesie und Kunst betrachtet wird. Es lenkt die Aufmerksamkeit auf die tieferen künstlerischen und literarischen Elemente in den Raptexten, wie Metaphern, Wortspiele, symbolische Bedeutungen und komplexe Reimschemata. In diesem Zusammenhang beschreiben Cobb und Bochert das poetische Inventar der Rapper*innen folgendermassen:

77 Weimar 1980, S. 99.

78 Vgl. Lucius-Hoene und Deppermann 2004, S. 141.

79 Vgl. Wolbring 2015, S. 151

80 Vgl. Petschulat 2006, S. 147.

81 Carter 2010, S. 20.

82 Carter 2010, S. 19.

> The art of MCing also began to increasingly incorporate the standard techniques of literature and poetry: alliteration, metaphor, assonance, onomatopoeia, personification, and Hip-Hop's most prominent literary characteristics, simile, double entendre, and comparison.[83]

Hier kommt die elocutio zum Ausdruck. Die sprachliche Ausgestaltung des Rap offenbart ein umfangreiches Spektrum an Variabilität, das über Intertexte, Reim und Rhythmus hinausgeht und sich insbesondere auf der Ebene der verzierenden rhetorischen Stilmittel (Ornatus) entfaltet. Im Bereich des Ornatus lassen sich die rhetorischen Stilmittel grundsätzlich in zwei Kategorien unterteilen: die Tropen und die Figuren. Die Tropen, auch Denkfiguren oder figurae sententiae genannt, beziehen sich auf den Bedeutungsgehalt der Wörter und Ausdrücke, insbesondere auf ihre metaphorische oder übertragene Verwendung.[84] Sie betreffen die Semantik der Sprache und dienen dazu, Bedeutungen zu verändern oder zu erweitern.[85] Auf der anderen Seite beziehen sich die Figuren, auch als Wortfiguren oder figurae elocutionis bezeichnet, auf die Art und Weise, wie Wörter und Satzteile in Sätzen angeordnet und strukturiert werden, um eine bestimmte Wirkung zu erzeugen.[86] Im Folgenden werden diese Stilmittel kurz erläutert.

Figurae sententiae (Tropen)

In der Rhetorik bezieht sich der Begriff Tropen auf die Verwendung von Wörtern in einer übertragenen oder metaphorischen Bedeutung anstelle der erwarteten wörtlichen Bedeutung.[87] Die Hyperbel ist in der klassischen Rhetorik eine extreme und im wörtlichen Sinne unplausible Verschärfung des eigentlichen Begriffs.[88] Im Rap wird die Hyperbel vor allem in Selbstbeschreibungen angewendet und eignet sich besonders gut für die gängigen sprachlichen Handlungen des Angebens (boasting) und Herabsetzens (dissing).[89] Die Hyperbel im Rap dient einer literarischen Akkulturation und geistigen Überbietung, die in der Rhetorik als aemulatio bezeichnet wird –

83 Cobb und Bochert 2007, S. 91.

84 Vgl. Braungart und Till 2007, S. 695; Friedrich und Schweppenhäuser 2009, S. 46-47.

85 In der akademischen Diskussion lässt sich zwischen den Tropen und Figuren eine Trennung erkennen, auch wenn eine deutliche Abgrenzung nicht immer eindeutig ist. Vgl. Braungart und Till 2007, S. 695.

86 Vgl. Friedrich und Schweppenhäuser 2009, S. 46-47.

87 Vgl. Braungart und Till 2007, S. 695.

88 Vgl. Lausberg 2008 [1960], S. 299.

89 Vgl. Wolbring 2015, S. 334.

ein Wettstreit mit dem Ziel der Überbietung.[90] Für viele Rapper*innen ist die Verwendung einer besonders ausgefallenen und stark überzogenen Hyperbel ein Anreiz im Sinne der Poetik.[91] Oftmals wird die Hyperbel in Verbindung mit dem rhetorischen Mittel der Metapher oder des Vergleichs verwendet, wie Jemie und auch Wolbring erklären.[92] Der Einsatz von Metaphern ist ebenso in so gut wie allen analysierten Raptexten weit verbreitet.[93] Dies hat dazu geführt, dass Raplyrics als „hochgradig metaphorisch" beschrieben werden, wie von Mühlig festgestellt wurde.[94] Die Metapher ist eine sprachliche Figur, bei der ein Ausdruck im übertragenen Sinne verwendet wird und die eine Verbindung zum eigentlichen Bedeutungszusammenhang herstellt.[95] In ihrem spezifischen Kontext erhält die Metapher eine Referenz, die über den üblichen Bedeutungsspielraum des verwendeten sprachlichen Ausdrucks hinausgeht.[96] Wenn man Hegels Überlegungen zur Metapher in Betracht zieht, wird rasch deutlich, welchen Zweck sie im Kontext des Rap erfüllt:

> Als Sinn und Zweck der metaphorischen Diktion überhaupt ist [] das Bedürfnis und die Macht des Geistes und Gemüts anzusehen, die sich nicht mit dem Einfachen, Gewohnten, Schlichten befriedigen, sondern sich darüberstellen, um zu Anderem fortzugehen, bei Verschiedenem zu verweilen und Zwiefaches in Eins zu fügen.[97]

Der Anspruch der poetischen Sprache, eine gewisse Macht und Wirkung zu erzielen, wie er durch den Begriff der aemulatio (Nachahmung oder Wettstreit) veranschaulicht wird, findet seinen Ausdruck auch in der poetischen Figur der Metapher.[98] Noch ausgeprägter wird das mit der Metapher verwandte Stilmittel des Vergleichs im Rap eingesetzt, als „Hip-Hop's most prominent literary chaacteristics".[99] Wie Metaphern dienen auch Vergleiche dazu, überraschende Verbindungen herzustellen und auf Bild- und Bedeu-

90 Vgl. Braungart und Till 2007, S. 267; 338.

91 Vgl. Wolbring 2015, S. 335.

92 Vgl. Wolbring 2015, S. 334; Jemie 2003, S. 40.

93 Vgl. Androutsopoulos 2003, S. 117.

94 Ebd.

95 Vgl. Braungart und Till 2007, S. 572.

96 Vgl. Kurz 1982, S. 21f.

97 Hegel 1835-1838, online.

98 Vgl. Braungart und Till 2007, S. 267; 338.

99 Vgl. Cobb und Bochert 2007, S. 91.

tungsfelder ausserhalb des direkten Kontextes hinzuweisen.[100] Im Gegensatz zu Metaphern sind Vergleiche jedoch transparenter in ihrer Struktur, da sie das Vergleichskriterium klar markieren und somit die fremde Formulierung verständlicher machen.[101] Künstler*innen verwenden des Weiteren Ironie, Antithesen und Allegorien, um tiefere Schichten von Bedeutung und Interpretation in ihren Texten zu schaffen.[102] Ironie kann dazu dienen, soziale oder politische Botschaften zu vermitteln, indem sie auf scheinbare Widersprüche oder Gegensätze hinweist.[103] Antithesen ermöglichen es, Kontraste und Spannungen in den Texten zu erzeugen, was wiederum die emotionale Resonanz verstärkt.[104] Allegorien erlauben es, komplexe Themen und Metaphern zu entfalten, die den Hörerenden ein tieferes Verständnis ermöglichen.[105]

Figurae elocutionis (Figuren)

Im Rap spielen nebst Tropen auch Figuren eine entscheidende Rolle. Als figurae elocutionis, übersetzt Wortfiguren, gelten Figuren, die auf der Ebene der sprachlichen Ausdrucksmittel operieren.[106] Dies beinhaltet jene der Wiederholung (Gemination, Anapher, Epipher, Kyklos).[107] Anaphern, wiederholte Anfangswörter oder -phrasen in aufeinanderfolgenden Versen, dienen dazu, Schlüsselideen zu unterstreichen und den Text zu strukturieren.[108] Alliterationen, bei denen identische Anfangslaute in aufeinanderfolgenden Wörtern oder Silben verwendet werden, verleihen den Texten einen poetischen Klang.[109] Zugleich finden sich auch jene der Häufung (Enumeratio, Hendiadyoin), der Einsparung (Ellipse) und der Wortstellung (Prolepse, Parallelismus, Chiasmus, Anastrophe), die dazu beitragen, Botschaften zu betonen und die Aufmerksamkeit des Hörers/der Hörerin zu lenken.[110]

Im Rap verschmelzen figurae elocutionis und figurae sententiae oft miteinander, da sie gemeinsam dazu beitragen, die Botschaften und Ausdrücke der Künstler*innen zu intensivieren. Dies unterstreicht die künstlerische

100 Vgl. Wolbring 2015, S. 338.
101 Vgl. Braungart und Till 2007, S. 755.
102 Vgl. Ebd.
103 Vgl. Ebd.
104 Vgl. Ebd.
105 Vgl. Ebd.
106 Vgl. Friedrich und Schweppenhäuser 2009, S. 46-47.
107 Vgl. Heldmann, S. 4-9.
108 Vgl. Ebd.
109 Vgl. Ebd.
110 Vgl. Ebd.

Tiefe und die Verbindung des Rap-Genres zur rhetorischen Tradition, da es diese Elemente geschickt in die zeitgenössische musikalische und sprachliche Praxis integriert.

Neologismen

Die Generierung neuer Wörter, die als Neologismen bezeichnet werden, zeigt eine weitere künstlerische Affinität des Rap zur Sprache. Im Rap werden solche Termini häufig benutzt, um eine deutlich eigenständige Art des Sprechens zu markieren und zu erzeugen.[111] Rapper Tatwaffe äussert sich dazu, dass er versuche „immer neue Wörter zu verwenden, die andere noch nicht benutzt haben".[112] Aber nicht nur neue Wortschöpfungen, sondern auch die Aufnahme von nicht alltäglichen, aber verständlichen Begriffen sowie die Verwendung von fremdem und disparatem Vokabular. Für letzteres wird häufig das Stilmittel des Vergleichs verwendet.[113] Dementsprechend ist im Genre des Rap die Vielfalt des Wortschatzes aussergewöhnlich ausgeprägt und wird als eigenständiges Qualitätsmerkmal betrachtet.[114]

Wortspiele (punchlines)

Im Gegensatz zum Reim, der primär auf klanglicher Übereinstimmung basiert, betont das Wortspiel, oder im Rap punchline genannt, die Beziehung zwischen den Bedeutungen von gleich oder ähnlich klingenden Wörtern (Homonyme oder Paronyme).[115] Häufig werden die damit verbundenen Begriffe entweder gleichgestellt oder in Gegensatz zueinander gesetzt. Dadurch wird das Wortspiel zu einer rhetorischen Figur, die nicht nur auf dem Klang, sondern auch auf der Bedeutungsebene wirkt und somit eine semantische und nicht nur eine phonetische Wirkung erzeugt.[116] Das Wortspiel bereichert den Rap durch seine Fähigkeit, mit Sprache zu jonglieren und „eine gespannte Erwartung zu erzeugen und sie auf unerwartete Weise zu lösen".[117] Wie Cobb und Bochert treffend bemerken, ist das gesamte Gerüst eines Hip-Hop-Songs oft um punchlines herum aufgebaut, die den Kern

111 Vgl. Wolbring 2015, S. 273.

112 Zeise 2006, S. 175.

113 Vgl. Wolbring 2015, S. 280.

114 Vgl. Androutsopoulos 2003, S. 131.

115 Vgl. Braungart und Till 2007, S. 864.

116 Vgl. Braungart und Till 2007, S. 865.

117 Vgl. Gelfert 2007, S. 66.

der kreativen und rhetorischen Kunstfertigkeit in dieser Musikrichtung darstellen.[118]

Zwischenfazit

„Es begann alles mit einer Idee, einem Stift und einem leeren Blatt Papier. Eines Abends setzte ich mich an meinen Schreibtisch und fing an, meine Gedanken aufzuschreiben", äussert sich Bushido in seiner Autobiographie.[119] Dieses Statement unterstreicht den Ursprung seines Schreibprozesses während des Anfangs seiner künstlerischen Karriere. Die rhetorische Phase des kreativen Prozesses geht von dieser Ideensammlung (inventio) über in das künstlerische Handwerk des Ausschmückens von Sprache (elocutio). Indem der Rapper/die Rapperin den Fokus auf die schriftliche Erarbeitung legt, unterstreicht er seine/ihre Rolle als Künstler*in, der/die seine/ihre Kunst mit Bedacht gestaltet. Dazu äussert sich der Rapper Bausa über sich und den Rapper Apache 207: „Wir sind beide sehr perfektionistisch. Sehr dahinter, dass der Song, an dem wir arbeiten, so gut wie möglich wird. Sehr akribisch, sehr detailverliebt und mit der absoluten Bereitschaft, nicht nach Hause zu gehen, bevor alles sitzt".[120]

Die Aussagen von Bushido, Bausa und Apache 207 veranschaulichen, was in den vorangegangenen Kapiteln gezeigt wurde: die Bedeutung der schriftlichen Phase bei der Entstehung des Rap als essenzieller Vorreiter der mündlichen Performanz. Diese schriftliche Vorbereitung zeigt sich in der Tiefe und Komplexität der Texte, was wiederum auf die Relevanz und den Einfluss der schriftlichen Phase auf den Rap hinweist. Dies führt zu der in dieser Arbeit aufgestellten Forschungshypothese: Ein zentrales Element des Rap ist die Erinnerung und Reflexion, dass er auf der Schrift basiert.

Die Art und Weise, wie Rapper*innen Worte aufschreiben und arrangieren, ermöglicht vielschichtige Bedeutungen und Interpretationen. Gerade diese „aufreizende Faszination, alte Werke auseinanderzunehmen (und darüber zu sprechen, rapping over), um neue zu erzeugen, das Vorgefertigte zu etwas anregend Anderem umzubauen" bezeichnete Shusterman als die „dekonstruktivistische Kunst" des Hip-Hops.[121] Dieses Neue aus Zitaten und Intertexten in der Rapmusik wirft zugleich Fragen zur Bedeutung und Interpretation auf. Die Ausgangsvorlage eines Textes ermöglicht eine Exegese, bei der die Bedeutung des Textes eindeutig herausgearbeitet und ver-

118 Vgl. Cobb und Bochert 2007, S. 88.

119 Fischer 2022, 16:12.

120 Fischer 2022, 36:04.

121 Shusterman 1994, S. 164.

standen werden kann. Der Rapper/Die Rapperin hingegen greift diese klare Vorlage auf und verändert sie. Dies erfordert von den Leser*innen oder Hörer*innen, sich mit dem Text auseinanderzusetzen und ihn auf sich selbst zu übertragen. Diese Übertragung kann zu einer Un- oder Deutbarkeit des Textes führen, da die Bedeutung nicht mehr so eindeutig ist wie in der Vorlage. Es stellt sich die Frage, wo die Bedeutung eines Textes liegt, wenn sie nicht mehr in den Worten selbst zu finden ist. Hier schlägt Shusterman mit seinem Terminus „dekonstruktive Kunst" die Idee vor, dass die Leser*innen oder Hörer*innen die Bedeutung auf der Ebene des Textes selbst suchen, und eine Exegese mit Hilfe von Derridas dekonstruktiver Methode, die sich auf das Wortmaterial und die signifikanten Ketten konzentriert, extrahieren.[122] Diese Methode ermutigt dazu, Bedeutungen nicht nur aus offensichtlichen Interpretationen zu gewinnen, sondern auch subtile und implizite Aspekte des Textes zu erfassen.

122 Vgl. Dies wird folgenden Kapitel 3 in Derridas Konzept der Schrift als Urschrift und der différance ausgeführt.

Sprachtheoretische Hintergründe

Die Schrift als Abbild des Gesprochenen

Der sprachwissenschaftliche Diskurs hat lange Zeit eine klare Unterscheidung zwischen der Schrift (écriture) und der gesprochenen Sprache (parole) vorgenommen, die auf einem historisch fundierten Glauben der „opinio communis der Linguisten“ basiert.[1] Diese Sichtweise taxiert die geschriebene Sprache gegenüber der gesprochenen Sprache als nachrangig und entwertend.[2] Dabei gilt die gesprochene Sprache als Ausdruck des Denkens, während die schriftliche Sprache eine optische Repräsentation der akustischen Laute der gesprochenen Sprache ist, also als Abbild der Mündlichkeit fungiert (Abbilddogma).[3] Diese Konzeption ergibt sich aus der Zuschreibung des Bedeutungsgehalts der sprachlichen Zeichen, bei der die akustischen Zeichen als einziger Ausdrucksmodus für das Gemeinte gelten und den optischen Zeichen eine untergeordnete Bedeutung zukommt.[4] Dies verleiht der gesprochenen Sprache eine höhere Wertschätzung, da sie als das alleinige Medium betrachtet wird, durch das sprachliche Zeichen Bedeutung transportieren können.[5] Die Präsumtion, dass die Schrift das Abbild der gesprochenen Sprache darstellt, ist ein dogmatischer Bestandteil der Sprachtheorie, welcher bereits von antiken Philosophen wie Platon und Aristoteles formuliert und von Wilhelm von Humboldt aufgegriffen wurde.[6] Diese Marginalisierung der Schrift wurde zu einem zentralen Schwerpunkt in de Saussures *Cours de linguistique générale*.[7] Die Funktion der schriftlichen Zeichen bestehe nach ihm nämlich lediglich in der visuellen Repräsentation des Systems sprachlicher Zeichen und wurde daher als nicht-sprachlich erklärt.[8] Mit Formulierungen wie „photographie“ für das Gesicht oder als dessen lediglich „travestissement“ verweigert de Saussure der schriftlichen Sprache autonome Existenz.[9] De Saussure betont damit die Priorität der mündlichen Rede und degradiert die Schrift zur äusserlichen Repräsentation der Sprache: „Die Sprache ist ein System von Zeichen, die Ideen ausdrü-

1 Vgl. Feldbusch 1985, S. 3.

2 Vgl. Feldbusch 1985, S. 1.

3 Vgl. Ebd.

4 Vgl. Feldbusch 1985, S. 2.

5 Vgl. Ebd.

6 Vgl. Ebd.

7 Vgl. De Saussure 1967, S.44.

8 Vgl. De Saussure 1967, S.44f; 206f.

9 Vgl. De Saussure 1967, S. 45; 51f.

cken und insofern der Schrift [] vergleichbar. Nur ist sie das wichtigste dieser Systeme".[10] Diese Abwertung der Schrift gegenüber dem gesprochenen Wort durch de Saussure, oder in seinen Worten ein „l'abaissement de l'écriture et son refoulement hors de la parole pleine", wird von Derrida hinterfragt.[11]

Er opponiert gegen die Theorie des Phonozentrismus/Logozentrismus, die der phonetischen Sprache (dem Logos/der Phone) Vorrang gibt und die geschriebene Sprache als ihre blosse Repräsentation betrachtet und ablehnt. Derrida hat nicht den Anspruch, eine neue Epoche zu charakterisieren, sondern versucht vielmehr, den Logozentrismus und den Phonozentrismus durch bemerkenswerte Diskurse zu lesen und zielt dabei auf eine „Befreiung des Signifikanten aus seiner Abhängigkeit" vom Logos.[12] Dies wird im folgenden Kapitel ausführlich untersucht.

Derridas dekonstruktive Methode

Die Vorstellung eines vollständig präsenten Sinns wird in einigen Bereichen des abendländischen Denkens verfolgt.[13] Gerade Derridas dekonstruktive Methode ist Teil dieser Bewegung und trägt zu deren Konstitution bei. Dabei ist sie eine praxisorientierte Herangehensweise an das Lesen und Schreiben, die aus den Bemühungen resultiert, die Wahrheit/den Sinn zu vermitteln.[14] Sie liefert jedoch keine endgültigen Antworten. Stattdessen bewegt sie sich geschickt und flexibel zwischen den nicht-synthetischen Aspekten einer allgemeinen Ökonomie und hofft, dass ihre Strategie in diesem Kontext fruchtbar sein wird.[15] Derrida postuliert, dass die Gewährleistung des Wahrheitsanspruchs von Texten von einer Instanz, dem Logos, abhängig ist und bezeichnet diese Vorstellung vom primären Inhalt des Sprachsystems und dessen Idealisierung als Logozentrismus.[16] Derrida stellt als erstes fest, dass Logozentrismus und Phonozentrismus von Strukturalisten (wie de Saussure) synonym verwendet wurden: „Logozentrismus, der zugleich ein Phonozentrismus ist: absolute Nähe der Stimme zum Sein, der Stimme zum Sinn des Seins, der Stimme zur Idealität des Sinns".[17] Diese Instanz des Lo-

10 Derrida 1974, S. 30.

11 Vgl. Derrida 1967, S. 12.

12 Vgl. Derrida 1974, S. 36.

13 Vgl. Menke 1995, S. 117.

14 Vgl. Culler 1999, S. 172.

15 Vgl. Culler 1999, S. 172.

16 Vgl. Derrida 1974, S. 24.

17 Vgl. Derrida, 1974, S. 25

gos/der Phone ist verantwortlich für die Präsenz des unmittelbaren Sinns der Phone: „Das Wesen der *phone* [] stünde unmittelbar dem nahe, was im „Denken" als Logos auf den „Sinn" bezogen ist [], weil die Stimme als Erzeuger *der ersten Zeichen* wesentlich und unmittelbar mit der Seele verwandt ist".[18] Dies bedeutet, dass die Phone, die das erste Wort oder Zeichen hervorbringt, nicht einfach ein beliebiges Zeichen (Signifikant) ist, sondern repräsentiert vielmehr einen „Seelenzustand".[19] Dieser Seelenzustand spiegelt die natürliche Ähnlichkeit von Dingen wider und es entsteht also eine natürliche Verbindung zwischen dem, was in der Seele vorgeht, und dem abstrakten Konzept des Sinns (Logos).[20] Zwischen der Seele und dem Logos findet eine konventionelle Zeichengebung statt.[21] Die Phone, als Ausdruck dieser Affektionen der Seele, wird als der natürlichste Träger von Bedeutung angesehen und steht dem, was als „Signifikat" (Bedeutungsträger) bezeichnet wird, am nächsten.[22] In anderen Worten heisst dies, dass die gesprochene Sprache die erste Konvention ist, die auf natürliche und universale Bedeutungen hinweist.[23] Die geschriebene Sprache dient dazu, diese Konventionen festzuhalten und bildet die Grundlage für weitere Konventionen, die in Beziehung zueinander stehen.[24]

Mit seiner dekonstruktiven Methode versucht Derrida, die in seinem Werk *Grammatologie* verankerte Schaffung eines neuen Begriffs der Schrift als Bedeutungsträger zu erklären.[25] In *Grammatologie* wird dieser Ansporn wie folgt formuliert: „Im Saussureschen [] Diskurs schreibt sich etwas, das nie gesagt wurde: nichts anderes nämlich als die Schrift selbst als Ursprung der Sprache".[26] In diesem Kontext dekonstruiert Derrida das logozentrische und phonozentrische Denken, indem er de Saussures Theorie liest. Derrida versucht sich in dem Anlauf, dieses traditionelle Denken, welches immer von einem übergeordneten Sinnzentrum ausgeht, zu dekonstruieren.

18 Vgl. Ebd.
19 Vgl. Ebd.
20 Vgl. Ebd.
21 Vgl. Ebd.
22 Vgl. Derrida 1974, S. 25.
23 Vgl. Derrida 1974, S. 24.
24 Vgl. Derrida 1974, S. 25.
25 Vgl. Derrida 1974, S. 24-25; 77.
26 Derrida 1974, S. 77.

Kritik Derridas an de Saussure

In seinem Werk *Cours de linguistique générale* führt de Saussure das wesentliche Begriffspaar „la langue" und „la parole" ein.[27] Diese sind terminiologisch vom Oberbegriff der „la langage" zu unterscheiden. Die „langage" bezieht sich auf die Fähigkeit, eine natürliche Sprache zu erwerben und zu verwenden, um Gedanken und Ideen auszudrücken.[28] Die „parole" betrifft die individuelle Äusserung einer Sprache, die von einem Sprecher/einer Sprecherin in einer bestimmten Situation produziert wird. [29] Es ist die konkrete und individuelle Ebene der Sprache.[30] Die „langue" ist dabei die abstrakte, systematische und strukturelle Ebene der „langage" und bezieht sich auf die Sprache als System von Regeln und Konventionen.[31] Die Sprache als System der „langue" umfasst eine begrenzte Anzahl an unterschiedlichen Zeichen, welche jeweils eine spezifische Bedeutung tragen. Dieses Zeichen setzt sich dabei aus einem Signifikanten (Lautbild) als Ausdrucksebene und einem Signifikat (Vorstellung) als Inhaltsebene zusammen:[32] „Tandis que la langue est hétéerogène, la langue ainsi délimitée est un objet de nature homogène: c'est un systéme de signes, où il n'y a d'essentiel que l'union de sens de l'image acoustique, et où les deux parties du signe sont également psychiques".[33] Im letzten Teil des Zitats wird ausgeführt, dass die Funktionalität einer binären Zeichenorganisation nur möglich ist, wenn das bezeichnende Element seine innere Beziehung zum bezeichneten Element beibehält.

Das Zeichen repräsentiert nicht nur das Bezeichnete, sondern gleichzeitig auch die Beziehung, in der es sich befindet – oder wie de Saussure sagt: „Cette combinaison produit une forme, non une substance".[34] De Saussures Zitat der Sprache als eine Form und nicht eine Substanz findet sich als intertextuelle Referenz in Wilhelm Humboldts Überlegungen zur Sprache: „Die Sprache [] ist kein Werk (Ergon), sondern eine Tätigkeit (Energeia). Ihre wahre Definition kann daher nur eine genetische sein. Sie ist nämlich die sich ewig wiederholende Arbeit des Geistes, den artikulierten Laut zum Aus-

27 Vgl. De Saussure 1967.

28 Vgl. De Saussure 1967, S. 26-28.

29 Vgl. De Saussure 1967, S. 30.

30 Vgl. Ebd.

31 Vgl. De Saussure 1967, S. 24-32.

32 Vgl. De Saussure 1967, S. 97-99.

33 De Saussure 1967, S. 32. Übers.: Während die Sprache heterogen ist, ist die so abgegrenzte Sprache ein Objekt von homogener Natur: Sie ist ein System von Zeichen, in dem es nichts Wesentliches gibt ausser der Sinnverbindung des akustischen Bildes, und in dem beide Teile des Zeichens gleich psychisch sind.

34 De Saussure 1967, S. 157. Übers.: diese Kombination erzeugt eine Form, nicht eine Substanz.

druck des Gedankens fähig zu machen".[35] In der zitierten Passage verwendet Humboldt den Begriff Tätigkeit, um die Sprache als lebendige Form zu beschreiben, die er durch den altgriechischen Begriff der energeia näher erläutert, dessen Ursprünge ebenso wie die des „ergon" auf Aristoteles zurückgehen.[36] Die ursprüngliche Bedeutung des Begriffs „energeia" im Kontext von Aristoteles bezieht sich darauf, dass etwas tatsächlich passiert oder verwirklicht wird, nachdem es zuvor als Potenzial vorhanden war.[37] Aristoteles adhibiert zudem eine dritte Konstituente in Form von „dynamis", welche die Potenz umschreibt, eine Tätigkeit (energeia) zu realisieren.[38] In diesem Sinne repräsentiert es eine „sich ewig wiederholende Arbeit des Geistes, den artikulierenden Laut zum Ausdruck des Gedanken fähig zu machen".[39] Diese dynamische Natur der Sprache, wie sie von Humboldt beschrieben wird, impliziert eine enge Verbindung der Konzepte „energeia", „ergon" und „dynamis". Die Sprache sollte nicht allein als ein statisches Produkt, sondern vielmehr als ein kontinuierlicher Entstehungsprozess betrachtet werden.[40] Laut Humboldt geht es nicht so sehr um ihre Funktionen bei der Benennung von Objekten und der Vermittlung von Verständnis, sondern um eine genauere Betrachtung ihrer Ursprünge und ihrer gegenseitigen Wechselwirkungen im Rahmen der inneren geistigen Aktivität.[41] Der Zusammenhang zwischen „energeia„ (Tätigkeit) und „ergon„ (Form) bildet für Humboldt ein fundamentales Konzept für das Verständnis von Sprache, als dynamisches und sich ständig veränderndes System.[42] In dieser Hinsicht kann Sprache als etwas betrachtet werden, das immer in Bewegung ist und sich ständig entwickelt.[43] Humboldts Ideen sind wesentlich für Saussures Konzept der sprachlichen Zeichen.

Das sprachliche Zeichen wird laut Saussure mittels einer arbiträren Verbindung zwischen Signifikant und Signifikat generiert: „[N]ous voulons dire qu'il est immotivé, c'est-à-dire arbitraire par rapport au Signifikat, avec lequel il n'a aucune attache naturelle dans la réalité".[44] Auch wenn de Saussure die Verbindung zwischen Signifikant und Signifikat als willkürlich begreift,

35 Humboldt 1836, S. 39-41.

36 Vgl. Göhring 2023, S. 136-137.

37 Vgl. Humboldt 1836, S. 39-41.

38 Vgl. Göhring 2023, S. 136-137.

39 Vgl. Ebd.

40 Vgl. Ebd.

41 Vgl. Ebd.

42 Vgl. Ebd.

43 Vgl. Göhring 2023, S. 136-137.

44 De Saussure 1972, S. 100-103. Übers.: wir meinen, dass es unmotiviert ist, d. h. willkürlich in Bezug auf das Signifikat, zu dem es in der Realität keine natürliche Verbindung hat.

müssen diese zwei dennoch solidarisch sein.[45] Es kann keinen Signifikanten ohne Signifikat geben, es sei denn, man gibt den systemischen Charakter der Sprache auf.[46] Derrida argumentiert, dass de Saussures Modell, das eine Trennung zwischen diesen beiden Aspekten vorsieht, letztlich auf eine festgelegte und stabile Bedeutung hinausläuft. De Saussures Metapher von der Sprache als ein Gebilde mit zwei Gesichtern, das aus seiner Vorderseite (dem Gedanken) und seiner Rückseite (dem Klang) besteht, ist eine adäquate Illustration dafür.[47] Diese beiden Elemente sind eng miteinander verbunden und werden in der einen Bedeutung das andere.[48] Es ist wie ein unauflöslicher Zusammenhang zwischen der Vorderseite und der Rückseite; in ähnlicher Weise können in der Sprache weder der Klang vom Gedanken noch der Gedanke vom Klang getrennt werden.[49] Ohne ein solches transzendentale Signifikat, das unabhängig von einem Zeichenträger existiert, kann die binäre Einheit des Zeichenbegriffs von de Saussure nicht aufrechterhalten werden: „Es muss ein transzendentales Signifikat geben, damit so etwas wie eine absolute und irreduzible Differenz zwischen Signifikat und Signifikant zustande kommt".[50] Hier entpuppt sich das Problem bei de Saussure und der entscheidende Kritikpunkt von Derrida: De Saussures Behauptung, dass die Identität eines Zeichens durch seine Beziehung zu einem spezifischen Begriff oder Referenten gewährleistet wird, vernachlässigt völlig die Tatsache, dass diese Verbindung letztendlich arbiträr ist.[51] Derrida argumentiert, dass diese arbiträre Natur der Zeichenverbindung es unmöglich macht, die Identität eines Zeichens zu bestimmen, indem man einfach auf seinen Referenten verweist.[52] Die Bedeutung erstreckt sich über die gesamte Kette von Zeichen und ist nicht auf ein einzelnes Zeichen beschränkt. [53] Sie lässt sich nicht leicht festlegen und zeigt sich niemals vollständig in einem einzelnen Zeichen, sondern äussert sich eher als ständiges Hin und Her zwischen Anwesenheit und Abwesenheit.[54] Derrida postuliert somit eine differenzielle Struktur, die besagt, dass es kein Zeichen gibt, das eine wesentliche oder autarke Bedeutung haben kann: „Jeder Begriff ist seinem Gesetz nach in eine Kette oder ein System eingeschrieben, worin er durch das systematische Spiel

45 Vgl. Derrida 1974, S. 38. Derrida 1999, S. 36.

46 Vgl. Derrida 1999, S. 36.

47 Vgl. De Saussure 1972, S.99.

48 Ebd.

49 Vgl. De Saussure 1972, S.99-103.

50 Derrida 1974, S. 38.

51 Vgl. Derrida 1974, S. 38. Derrida 1999, S. 36.

52 Vgl. Derrida 1999, S. 37.

53 Vgl. Derrida 1999, S. 37.

54 Vgl. Derrida 1999, S. 37.

von Differenzen, auf den anderen, auf die anderen Begriffe verweist".[55] Das bedeutet auch, dass der Signifikant eine abhängige Komponente ist, deren Bedeutung erst durch den Bezug auf einen anderen Signifikanten entsteht: „Das Signifikat fungiert darin seit je als ein Signifikant, [...] *von Anfang, von Beginn des Spieles an.* Es gibt kein Signifikat, das dem Spiel aufeinander verweisender Signifikanten entkäme, das die Sprache konstituiert, und sei es nur, um ihm letzten Endes anheimzufallen".[56] In Derridas Worten kommt dabei der Aspekt ins Spiel, dass es kein Signifikat gibt, das sich der Dynamik des wechselseitigen Spiels der Signifikanten entziehen könnte – dieses Spiel bildet die Grundlage der Sprache. Selbst wenn ein Signifikat anfangs anders erscheinen mag, wird es schliesslich in dieses System von Bedeutungsbeziehungen einbezogen. Die Verweiskette bricht nirgends ab. Derridas Konzept besagt, dass jeder Signifikant nicht mehr nur eine zweiseitige Verbindung mit einem Signifikat eingeht, sondern selbst zum Signifikanten eines weiteren Signifikanten wird.[57] Nach Derrida ist dies bereits von Anfang an in den Prozess der unendlichen Verweise eingeschrieben und untergräbt damit die Idee eines transzendentalen Signifikats.[58] Stattdessen führt er die Idee des unendlichen Verweises durch aufgewertete Signifikanten ein.[59] Für dieses Spiel oder die Notwendigkeit der Bewegung der Zeichen wird von Derrida den Neologismus „différance" verwendet[60]. Derridas Konzept der différance betont diese Idee der negativen Bestimmung von Bedeutung und zeigt, dass die Identität eines Zeichens immer im Fluss ist und von seiner Beziehung zu anderen Zeichen abhängt.[61] Der von Derrida geschaffene Neologismus spielt mit der Verschiebung eines Buchstabens, indem er das „e" in différence (französisch für Unterschied) durch ein „a" ersetzt.[62] Der Begriff différance ist ein Wortspiel, das sowohl auf den Doppelsinn des französischen Verbs différer (verschieden sein und aufschieben) als auch auf das Partizip Präsens différent verweist (sich unterscheidend).[63] Die Verwendung des „a" in différance neutralisiert die Bedeutung des Verbs différer mit „e" mit der Bedeutung von Nicht-Identität oder Unterschied.[64] Stattdessen betont différance die Idee der sich ständig unterscheidenden und aufschiebenden Na-

55 Derrida 1999, S. 37.

56 Derrida 1974, S. 17.

57 Vgl. Ebd.

58 Vgl. Ebd.

59 Vgl. Ebd.

60 Im Folgenden wird dieser Terminus ohne Anführungsstriche verwendet.

61 Vgl. Derrida, 1974, S. 29-34.

62 Vgl. Derrida 1999, S. 40.

63 Vgl. Derrida 1974, S. 44; Vgl. Derrida, 1974, S. 31-33; „Différer", in: Larousse; „Différent", in: Larousse.

64 Vgl. Derrida, 1974, S. 33-34.

tur der Bedeutung.[65] Durch den Begriff différance zeigt Derrida, dass Bedeutungen immer in Bewegung sind und niemals endgültig oder vollständig stabilisiert werden können. Dabei betont er, dass der Signifikant, das sprachliche Zeichen, bereits durch seine Beziehung zum Signifikat, dem Bezeichneten, geprägt ist, und umgekehrt.[66] Das bedeutet auch, dass es keine klare Abfolge von Laut und Schrift gibt, da sich beide gegenseitig bedingen und in einer rekursiven Beziehung stehen. Auf diese Weise hat sich auch die von Derrida übernommene Metapher der Signifikantenkette durchgesetzt: Jedes Glied innerhalb des Systems verknüpft sich mit allen anderen Elementen und erhält durch diese Verbindungen einen Signifikantencharakter.[67]

Im Kontext dieses „formale[n] Spiel[s] von Differenzen" geht es Derrida um die Konzeption von „Spuren".[68] Eine Spur kann metaphorisch als eine Markierung betrachtet werden, die ein bestimmtes Element als integralen Bestandteil eines Systems kennzeichnet und gleichzeitig von allen anderen Elementen innerhalb dieses Systems beeinflusst wird.[69] In diesem System gibt es nichts, weder in den einzelnen Elementen noch im System als Ganzem, das jemals einfach vorhanden oder abwesend ist.[70] Stattdessen, so Derrida, gibt es „durch und durch nur Differenzen und Spuren von Spuren".[71] Derrida argumentiert, dass die Schrift in einem allgemeinen Sinne als Gattungsbegriff verstanden werden kann, noch bevor sie mit spezifischen Signifikanten wie Gravur, Zeichnung oder Buchstaben in Verbindung gebracht wird.[72] Dies liegt daran, dass der Begriff der Schrift „als die allen Bezeichnungssystemen gemeinsame Möglichkeit – die Instanz der vereinbarten Spur (trace instituée)" bezeichnet wird.[73] Mit diesem Argument der Spur definiert er die Schrift als Prototyp: „Wenn „Schrift" Inschrift und vor allem die dauerhafte Vereinbarung von Zeichen bedeutet (was den alleinigen, unveränderlichen Kern des Schriftbegriffs ausmacht), dann umfasst die Schrift im Allgemeinen den gesamten Bereich der sprachlichen Zeichen".[74] Dadurch gelangte er zu der Formulierung, die Begriffe Spur und Schrift als Synonyme zu verwenden: „Wenn die Spur [] zur Bewegung der Bedeutung selbst gehört, so ist sie *a priori* eine geschriebene Spur, []. Diese Spur, Urschrift, ur-

65 Vgl. Derrida, 1974, S. 31-33

66 Vgl. Derrida, 1974, S. 29-34.

67 Vgl. Ebd.

68 Vgl. Derrida, 1986, S, 66. Im Folgenden wird dieser Terminus ohne Anführungsstriche verwendet.

69 Vgl. Ebd.

70 Vgl. Ebd.

71 Vgl. Ebd.

72 Vgl. Derrida, 1974, S. 81.

73 Vgl. Ebd.

74 Derrida, 1974, S. 78.

sprüngliche Möglichkeit des gesprochenen Worts, dann der „Schrift" im engeren Sinn, Geburtsstätte der [] verurteilten ‚Usurpation.'"[75]

Derrida konzediert und postuliert die Schriftlichkeit als Grundlage der Bedeutungsentfaltung. Er kritisiert somit die westliche Metaphysik für ihren Trugschluss, dass die Präsenz in der Stimme gegeben sei. Mündlichkeit ist demnach etwas, das die Präsenz, die Gewissheit aufhebt, und somit kann die Sprache niemals im Modus der reinen Gegenwärtigkeit funktionieren.[76] Aber genau das wird in der Phänomenologie immer wieder bekräftigt. In einer poststrukturalistischen Lesart in Edmund Husserls Phänomenologie *Die Stimme und das Phänomen* wird dieser Aspekt von Derrida kritisch untersucht.

Auseinandersetzung Derridas mit Husserl

Eben diesen phonozentrischen Ansatz widerlegt Derrida mit seiner Interpretation von Husserls Phänomenologie. Die Phänomenologie gründet auf der Prämisse, dass es dem Bewusstsein obliegt, das Sprechen zu konservieren und eine fundamentale Verbindung zwischen dem sprachlichen Sinn (Logos) und der Stimme (Phone) zu postulieren: „[D]as Sprechen (parole) zu wahren und eine Wesensverbindung zwischen logos und phoné zu behaupten, ist doch das Vorrecht des Bewusstseins [] nichts anderes als die Möglichkeit der lebendigen Stimme".[77] Die Phänomenologie fordert demnach, dass die Stimme als Träger des artikulierten Logos fungieren muss, um Bewusstsein zu generieren.[78] Husserl bevorzugt die phänomenologische Stimme, die als rein innerlich und als Produkt der Transzendenz betrachtet wird, gegenüber der körperlichen, eigentlich klanglichen Stimme.[79] Er spricht von „der Stimme in ihrem transzendentalen Leib, dem Atem, der intentionalen Beseelung, die den Körper des Wortes in den Leib verwandelt, die aus dem Körper einen Leib, eine geistige Leiblichkeit" macht.[80] Da die Stimme nicht physisch, sondern innerlich verankert ist, gehört sie laut Husserl der Transzendenz an, die das Bewusstsein nicht verlässt und somit Ausdruck eines ideellen Sinns sein muss. Dies geschieht gerade in der Gegenwart der Stimme als Ausdruck beim Sprechen.

75 Derrida, 1974, S. 123.

76 Forumsbeitrag. 07. Nielaba.

77 Derrida 2003, S. 25.

78 Vgl. Derrida 2003, S. 11.

79 Vgl. Derrida 2003, S. 26.

80 Derrida 2003, S. 26.

Die Tatsache, dass das Privileg der Präsenz als Bewusstsein vor allem auf die prominente Rolle der Stimme zurückzuführen ist, wurde erstmals von Husserl in den Mittelpunkt gestellt. Dabei startet Husserl mit der Feststellung, dass das Zeichen zwei heterogene Begriffe abdeckt, nämlich das „Ausdruck" und „Anzeichen". Derrida greift Husserls „Ausdruck" und „Anzeichen" auf und verweist darauf hin, dass es um diese „wesentlichen Unterscheidungen [geht], die alle folgenden Analysen in nicht zu unterschätzender Weise prägen".[81] Das „Anzeichen" ist laut Husserl bedeutungslos, „einer Bedeutung oder eines Sinns beraubt", weil sie nicht befördern, und ist somit ein indikatives Zeichen.[82] Die Produktivität des „Ausdrucks" hingegen besteht darin „den Sinn in die Idealität der begrifflichen und universalen Form übergehen zu lassen" und transportiert somit als Vehikel den reinen Sinn.[83] Dabei sei zur vorläufigen Verständigung festgesetzt, dass „jede Rede und jeder Redeteil, sowie jedes wesentlich gleichartige Zeichen ein Ausdruck sei".[84] Dabei definiert Husserl den „Ausdruck" als „das sinnliche Zeichen, den artikulierten Lautkomplex, das Schriftzeichen auf dem Papiere u. dgl.".[85]

Nach Husserl hat der sprachliche „Ausdruck" eine „kommunikative Funktion", was bedeutet, dass er einen Sinn trägt, den der Sprecher dem Zuhörer/der Zuhörerin vermitteln möchte.[86] Der „Ausdruck" in der kommunikativen Rede erfüllt eine Zeichenfunktion, indem er dem/der Hörenden die Gedanken des Redners vermittelt und als Indikator in der Kommunikation dient.[87] Allerdings hebt Husserl hervor, dass diese Bedeutung und Kommunikation innerhalb des individuellen Bewusstseins stattfinden.[88] Das bedeutet, dass die Bedeutung von Worten zunächst im Geist des Sprechers entstehen und sobald diese Bedeutung aus dem individuellen Bewusstsein austritt und mit anderen geteilt wird, kann sie nicht mehr in der gleichen Weise als Bedeutung fungieren.[89] Sie wird eher zu einem „Anzeichen" auf etwas, da andere Menschen die gleichen Worte unterschiedlich interpretieren können.[90] Daraus folgt, dass sie ihre eigentliche „Ausdrucksfunktion" verlieren, dass sie nicht mehr unmittelbar Bedeutung vermitteln, sondern nur auf etwas anderes hinweisen. Infolgedessen schreibt Husserl der gesprochenen

81 Vgl. Derrida 1979, S. 51.

82 Vgl. Derrida 2003, S. 28.

83 Vgl. Ebd.

84 Vgl. Husserl 1913, S.30-31.

85 Husserl 1913, S.31.

86 Vgl. Husserl 1913, S.32-33.

87 Vgl. Husserl 1913, S.33; Derrida 1979, S. 94.

88 Vgl. Derrida 1979, S. 94.

89 Vgl. Derrida 1979, S. 94.

90 Vgl. Derrida 1979, S. 94.

Sprache das exklusive Recht auf reine Logik und Bedeutungsausdruck zu, da sie die primäre Form des „Ausdrucks“ ist.[91]

Derrida baut auf Husserls Ideen auf und betont insbesondere die Bedeutung der „phänomenologischen Stimme“, die wesentlich zur Erhaltung des Ausdrucks und der damit verbundenen Selbstpräsenz des Bewusstseins beiträgt.[92] Er definiert oder übersetzt gerade den Begriff „Sich-selbst-sagen-Wollen“ (vouloir-dire) für das Wort bedeuten „und zwar sowohl in dem Sinne, wie ein Subjekt, das spricht, um sich, wie Husserl sagt, über etwas zu äussern, damit etwas bedeutet, meint, sagen will (veut dire), als auch in dem Sinne, wie ein Ausdruck etwas bedeutet, meint, besagt (veut dire)“.[93] Hierbei handelt es sich um den intendierten Sinn einer Rede oder Äusserung, der einen diskursiven Gehalt besitzt. Die Stimme wird als das „Sein bei sich selbst“ in Form der Universalität betrachtet und repräsentiert das Bewusstsein.[94] Damit also diese Gegenwärtigkeit ausgedrückt werden kann, muss diese in „einem Medium konstituiert, wiederholt und ausgedrückt werden. Die Stimme ist der Name für dieses Element“.[95] Derrida betont, dass die Wahrnehmung der eigenen Stimme durch den Sprecher als authentisch gilt, da sie untrennbar mit dem eigenen Körper verbunden ist.[96] Das Bezeichnete ist in seinem Ursprung immer ideal und im Akt des Ausdrucks gegenwärtig.[97] Diese unmittelbare Präsenz ist auf die Tatsache zurückzuführen, dass der phänomenologische „Körper“ des Signifikanten scheinbar im Moment seiner Entstehung verschwindet.[98] Es scheint, als gehöre er bereits immer zur idealen Ebene der Bedeutung.[99] Die „Komplizenschaft zwischen Stimme und Idealität“ führt dazu, dass das Phonem das idealste aller Zeichen ist, was dadurch möglich wird, dass die Idealität des Gegenstandes in der Stimme absolut verfügbar wird:[100] „Das Phonem gibt sich als die beherrschte Idealität des Phänomens“.[101] Dies führt zu einer tiefen Verflechtung von Stimme und Idealität im sprachlichen Ausdruck. Aber auch die ideale Bedeutung hängt nicht allein von ihrer Verkörperung in einem konkreten „weltlichen“ Signifikanten ab.[102] Im Gegensatz zu anderen nicht-akustischen Signifikan-

91 Vgl. Derrida 2003, S. 33.

92 Vgl. Derrida 2003, S. 85.

93 Derrida 2003, S. 30.

94 Vgl. Derrida 2003, S. 85.

95 Vgl. Derrida 2003, S. 102-103.

96 Vgl. Derrida 2003, S. 105.

97 Vgl. Ebd.

98 Forumsbeiträge 07. Nielaba.

99 Forumsbeiträge 07. Nielaba.

100 Vgl. Derrida 2003, S. 105

101 Derrida 2003, S. 106.

102 Vgl. Derrida 2003, S. 101-102.

ten, wie Schrift oder Gestik, wird die phänomenologische Stimme in ihrer reinen, nicht-alltäglichen Innerlichkeit wahrgenommen.[103] Dies führt zu einer Form von Selbstgegenwart, denn wenn ich spreche, ist es ein wesentliches Merkmal dieser Handlung, dass ich mich während des Sprechens selbst höre. Es entsteht dabei eine Nähe zwischen dem Sprecher/der Sprecherin und dem ausgesprochenen Wort, da dieser durch seinen Atem und seine Absicht, Bedeutung zu vermitteln, den Signifikanten belebt.[104] Die enge Bindung der Sprache an ihre eigene Gegenwart besagt, dass die Sprache im Moment des Sprechens nicht von ihrer eigenen Anwesenheit getrennt werden kann.[105] Dies verleiht dem gesprochenen Wort Lebendigkeit und Bedeutung.

Das setzt nach Derrida somit eine Verdoppelung des Subjekts in Sprecher*in und Hörer*in voraus, da das sprechende Subjekt nicht nur etwas sagt, sondern sich dabei selbst sprechen hören muss.[106] Dies zeigt, dass im Kontext eines Gesprächs also zwei Prozesse stattfinden: Zum einen hört das sprechende Subjekt seine eigene Stimme und erlebt so eine reine Form der Selbstaffektion, bei der es selbst spricht und sich hört.[107] Diese Wechselwirkung oder das Zusammenspiel, das in einem Bewusstsein oder Subjekt stattfindet, wenn es sich selbst wahrnimmt, erfährt oder beeinflusst, wird Selbstaffektion genannt.[108] Zum anderen, während das sprechende Subjekt vom Zuhörer/von der Zuhörerin gehört wird, wiederholt dieser/diese unmittelbar in sich selbst das gleiche Erlebnis des „Sich-selbst-Sprechens und -Hörens", wie es der Sprecher zuvor erlebt hat.[109] Das würde also zu einer Verdoppelung im Sprechakt führen, indem gleichzeitig gesprochen und dem Sprechenden zugehört wird. Das bedeutet, um noch einmal auf Husserls Unterscheidung zwischen „Anzeichen" und „Ausdruck" zurückzukommen, folgendes: Nach Derrida kann der Gebrauch von Zeichen nur stattfinden, wenn der bezeichnende Akt, die belebende Absicht, vorhanden ist, denn ich als derjenige, der sich selbst sprechen hört, muss Teil der Kommunikation mit dem Zuhörer/der Zuhörerin sein.[110] Wenn jedoch jemand einem anderen zuhört, ist die persönliche Erfahrung des Sprechers/der Sprecherin nicht unmittelbar gegenwärtig.[111] Die Stimme als Signifikant bricht genau mit dem Verstummen des Sprechers ab und hinterlässt einen scheinbar puren Sinn

103 Vgl. Ebd.

104 Vgl. Derrida 2003, S. 105.

105 Vgl. Ebd.

106 Vgl. Derrida 2003, S. 106.

107 Vgl. Derrida 2003, S. 109.

108 Vgl. Ebd.

109 Vgl. Ebd.

110 Vgl. Derrida 1979, S. 92.

111 Vgl. Ebd.

und genau das ist es, was beim Hörer/der Hörerin ankommt.[112] Derrida folgert, dass die Erfahrung des „Sich-selbst-Sprechens und -Hörens" (s'entendre-parler) eine höchst reine Form der Selbst-Affektion ist, bei der das sprechende Subjekt eine enge Verbindung zu sich selbst erfährt.[113]

Für die Stimme bedeutet dies nun, dass nur im reinen Soliloquium die Metaphysik der Phone noch gültig wäre, denn die Phone fällt mit seinem Sinn/seiner Bedeutung zusammen und erfährt sozusagen eine phänomenologische Reduktion.[114] Doch die Sprache ist nicht zum Zwecke des Selbstgesprächs geschaffen, sondern sie soll dazu dienen, dass wir untereinander kommunizieren und uns so gegenseitig mitteilen können. Die in der Stimme ausgedrückte Selbstaffektion bedingt, dass eine reine Differenz die Selbstpräsenz teilt.[115] Mit anderen Worten, die Selbst-Affektion geht davon aus, dass das Selbst sich selbst beeinflusst, indem es eine Art Differenz oder Veränderung innerhalb seiner eigenen Gegenwart zulässt. Dies lässt sich mit dem Konzept der différance erklären: Die Bewegung der différance manifestiert sich nicht plötzlich in einem transzendentalen Subjekt, sondern sie ist es, die dieses Subjekt hervorbringt: „Die Selbstaffektion ist keine Modalität einer Erfahrung, die bezeichnend wäre für ein Seiendes, das bereits es selbst (autos) wäre. Sie bringt das Selbe zu sich in der Differenz mit sich, das Selbe als das Nicht-Identische hervor".[116] Das Bewusstsein kann nicht mehr unmittelbar über seinen phänomenalen Inhalt verfügen, um Präsenz auszudrücken, sondern muss einen Umweg über einen Signifikanten nehmen. Wenn das Bewusstsein nicht auf diese Weise über Signifikanten vermittelt, könnte die eigene Stimme und Identität aufgelöst werden, was Derrida mit dem Gedanken an den eigenen Tod vergleicht.[117] Er argumentiert, dass nur das sprechende Ich, das sich in der stimmlichen Selbst-Affektion vollständig und unversehrt mitteilt, in der Lage ist, sich vollständig aufzulösen.[118] Das Ziel der Kommunikation ist nicht die vollständige Auflösung der Identität oder das Selbstgespräch, sondern die Übertragung von Bedeutung und Verständnis zwischen Subjekt und Zuhörendem.[119] Um also dieser Auflösung der Ich-Identität zu entkommen, sieht Derrida die Möglichkeit in der Schrift: „Der Signifikant würde eben aufgrund der absoluten Nähe zum Si-

112 Vgl. Derrida 2003, S. 109.

113 Vgl. Derrida 2003, S. 108.

114 Forumsbeitrag. 07. Nielaba.

115 Vgl. Ebd.

116 Derrida 2003, S. 112.

117 Vgl. Derrida 2003, S. 109-112. Forumsbeitrag. 07. Nielaba.

118 Vgl. Ebd.

119 Vgl. Ebd.

gnifikat vollkommen durchsichtig. Diese Nähe wird durchbrochen, sobald ich mich, anstatt mich sprechen zu hören, schreiben [...] bedeuten sehe". [120]

Die Schrift

Die Schrift eröffnet somit eine differenzierte Struktur des Bedeutens, die nicht mehr von der unmittelbaren Präsenz und Identität des Sprechers abhängt. Derrida betont das Wesentliche der Sprache als das Spiel der Differenz im Zeichensystem. Er führt dabei den Ausdruck „Signifikant des Signifikanten" ein, der beschreibt, wie Sprache in ihrem ursprünglichen Ursprung funktioniert.[121] Dabei weist er darauf hin, dass dieser ursprüngliche Ursprung sich selbst negiert und auslöscht. [122] Die Idee von einem reinen, unverfälschten Ursprung wird hinterfragt, da jedes Zeichen oder Signifikat bereits von anderen Zeichen und Bedeutungen beeinflusst wird. In der Schrift etabliert sich dieser Ursprung als „Urschrift", die er als „Bewegung der différance" bezeichnet.[123] Diese Idee der Urschrift ist eine nicht reduzierbare Synthese, die mehrere Aspekte in sich vereint. Erstens bezieht sich die Urschrift auf die Idee, dass jede Bedeutung und jedes Zeichen in der Sprache von anderen Zeichen und Bedeutungen beeinflusst wird.[124] Zweitens impliziert die Urschrift die Idee der Zeitlichkeit, da Bedeutung und Zeichen sich im Laufe der Zeit entwickeln, entfalten und verändern.[125] Drittens bezieht sie sich auf das Verhältnis zum Anderen, da Bedeutung immer im Kontext von Beziehungen und Interaktionen mit anderen Menschen entsteht.[126] Schliesslich spielt die Sprache selbst eine zentrale Rolle in der Urschrift, da sie das Medium ist, durch das Bedeutung vermittelt wird. [127] Die Schrift ist daher von Beginn an in der Sprache präsent, oder anders ausgedrückt: Sie ist der Ursprung der Sprache.[128]"

Um den Kreis zu schliessen, wendet sich die vorliegende Reflexion noch einmal dem Wort différance zu. Différance verkörpert nämlich eine Veränderung der Schreibweise und ist eng mit dem Schriftbegriff verbunden: Der Unterschied zwischen différance und dem herkömmlichen différence beim

120 Derrida 2003, S. 109.

121 Vgl. Derrida 1974, S. 17-18.

122 Vgl. Ebd.

123 Vgl. Derrida 1974, S.105.

124 Vgl. Ebd.

125 Vgl. Ebd.

126 Vgl. Ebd.

127 Vgl. Ebd.

128 Vgl. Derrida 1974, S. 77.

gesprochenen Wort ist nicht hörbar, sondern nur in im Buchstaben „a" oder „e" sichtbar. Dieses Argument bezieht sich auf die generelle Unhörbarkeit dieser Unterschiede.[129] Dieses Argument betont, dass diese subtilen Unterschiede lediglich in der Schriftform, nicht jedoch in der gesprochenen Sprache wahrnehmbar sind.[130] Derrida kritisiert in diesem Zusammenhang de Saussures Schriftzentrierung, insbesondere die Behauptung eines „natürlichen Bands" zwischen Laut und Bedeutung, wie in Kapitel 3.3 erläutert wurde. Die Unhörbarkeit dieser Unterschiede symbolisiert die Marginalisierung der gesprochenen Sprache und hebt die Schrift als das Bedeutungssystem hervor. Folglich kann nur die schriftliche Darstellung die Bedeutung der beabsichtigten Version vermitteln. Die mündliche Fassung ist daher von der schriftlichen Fassung abhängig.

Die Schrift als ein pharmakon

Diesen Gegensatz zwischen mündlicher Überlieferung und schriftlicher Fixierung thematisiert Derrida ausdrücklich in Platons Werk *Phaidros*. Es erstaunt nicht, dass Derrida diesen Text in einer dekonstruktiven Analyse behandelt, denn der Akt des Schreibens über das Schreiben seitens des Autors eröffnet dem Leser/der Leserin die Möglichkeit, sich eingehend mit dem Thema der Schriftlichkeit zu beschäftigen. Diese Reflexion über das Schreiben selbst gewinnt durch ihre Nähe zur zentralen These dieser Masterarbeit eine besondere Relevanz.

Derrida richtet in seinem Werk *La pharmacie de Platon* (1968) den Fokus auf Platons kritische Auseinandersetzung mit der Schriftlichkeit. In Platons Dialog des *Phaidros* diskutiert Sokrates die Natur des Schreibens und argumentiert, dass das geschriebene Wort der gesprochenen Rede unterlegen ist.[131] Dabei hebt er die Idee hervor, dass die Schrift als Synonym für den Begriff „pharmakon" betrachtet werden kann.[132] Das griechische Wort pharmakon hat einen Doppelsinn, der je nach Kontext als Heilmittel oder Gift interpretiert werden kann.[133] Diese Mehrdeutigkeit des Begriffs wird von Derrida aufgegriffen, um die Dichotomie zwischen Schrift und Sprache zu unterstreichen. Diese Polysemie des Wortes pharmakon entspricht dem Prinzip der différance, das auf das komplexe Spiel innerhalb einer Signifikantenkette hinweist: „Kommen wir zum Text von Platon zurück, []. Das

129 Vgl. Derrida 1999, S. 31.

130 Vgl. Ebd.

131 Vgl. Derrida 1995, S. 78f.

132 Vgl. Ebd.

133 Vgl. Ebd.

Wort pharmakon wird darin in einer Kette von Bedeutungen aufgenommen. Das Spiel dieser Kette macht einen systematischen Eindruck".[134] Derrida betont die enge Verbindung zwischen dem sprachlichen Zeichen (Signifikanten) und dem damit verbundenen Konzept (Signifikat). [135] Er hebt hervor, dass die Bedeutung von Begriffen nicht festgelegt ist, sondern einer dynamischen Referenz unterliegt: „[S]o ist diese Notwendigkeit in das Zeichen pharmakon eingeschrieben [] hier in das Heilmittel und dort in die Droge. Wir sagen ausdrücklich das Zeichen pharmakon, womit wir vermerken wollen, dass es sich unauflöslich um einen Signifikanten und einen signifizierten Begriff handelt".[136] Derrida warnt davor, die gesamte Bedeutungskette des pharmakon vollständig rekonstruieren zu wollen, da es kein „absolutes Privileg" gibt, das es erlaubt, das textuelle System eines Begriffs total zu beherrschen.[137] Die Bedeutung von Begriffen ist nicht fixiert, sondern unterliegt einem „Spiel der Kette".[138] Er zeigt auf, wie dieses Wort in einer Kette von Bedeutungen gefangen ist und wie die verschiedenen Bedeutungsebenen miteinander korrelieren, ob vom Autor beabsichtigt oder nicht.[139] Was Derrida in diesen Gedanken äussert, ist, dass jede Textinterpretation neue Bedeutungen erzeugt, indem sie den Text in einen neuen Kontext stellt. Dieses Prinzip der Bedeutungsveränderung wird als „Dissémination" (Verbreitung) bezeichnet.[140] Der Neologismus offenbart in dieser Definition ein ambigues Wortspiel. Derrida spielt hierbei mit der Ähnlichkeit zwischen den Begriffen „semen" (Sperma) und „semes" (semantische Merkmale), um eine bildliche Verbindung zwischen ihnen herzustellen. Durch diese Wortspielerei veranschaulicht er die Idee der Dissémination als eine Art Aussaat von Samen und betont gleichzeitig die semantischen Elemente, die sich entlang der Signifikantenkette verbreiten.[141] Andererseits betont Derrida die rein phonetische Ähnlichkeit zwischen Wörtern wie „semen" und „semes", obwohl zwischen ihnen „keinerlei Verbindung des Sinns" besteht.[142] Dieses Homonym erzeugt eine semantische Täuschung oder Sinn-Illusion.[143] Dadurch wird verdeutlicht, wie Schrift und Sprache oft auf Klangähnlichkeiten basieren können, die keine inhaltliche Bedeutung teilen, was zu einer Verschiebung oder Ab-

134 Derrida 1995, S. 106.

135 Vgl. Derrida 1995, S. 80.

136 Derrida 1995, S. 112.

137 Vgl. Derrida 1995, S. 107.

138 Vgl. Derrida 1995, S. 106.

139 Vgl. Ebd.

140 Vgl. Derrida 1995.

141 Vgl. Derrida 1972, S. xvii.

142 Vgl. Derrida 1986, S. 95.

143 Vgl. Ebd.

weichung der Bedeutung führen kann. Derrida hebt dadurch die Abweichung hervor, dass die Dissémination als eine Art Spiel der Bedeutungen betrachtet wird, als eine „irreduzible und generative Mannigfaltigkeit".[144]
Er illustriert diesen Prozess anhand des Konzepts pharmakon in Platons *Phaidros*. Das Beispiel des pharmakons illustriert, dass das System in diesem Zusammenhang nicht nur das Ergebnis der Intention oder Absicht eines Autors/einer Autorin, in diesem Fall Platon, ist, sondern eher als das betrachtet werden sollte, was der Autor/die Autorin zum Ausdruck bringen wollte (un vouloir-dire).[145] Die Bedeutungsebenen werden durch die Wechselwirkung der Sprache in verschiedenen Funktionen des Wortes und in verschiedenen kulturellen Kontexten etabliert.[146] Derrida zeigt damit, dass das Spiel der Bedeutung das Ergebnis dessen ist, was er als das Spiel der différance bezeichnet, in dem der allgemeine Text ständig neue Verbindungen, Korrelationen und Kontexte schafft.

In Bezug auf Platon und seine „Präsentation der Schrift als ein pharmakon", zeigt Derrida auf, dass die Wahl nicht zufällig ist, sondern sie wurde in einem bestimmten Kontext und mit einer bestimmten Absicht gemacht, die sich auf das Gesamtverständnis von Schrift und ihrer Beziehung zur gesprochenen Sprache bezieht.[147] Derrida zieht diese Parallele zwischen dem Konzept des pharmakon und dem der Schrift, und argumentiert, dass beide eine gewisse Ambiguität in sich tragen: „Das Schlechte ist nicht das Gegenteil des Guten. Es ist sein supplementärer Parasit".[148] In einer Umgebung von Spiel und différance, wo der Parasit sich selbst parasitiert, wird er zu einer vollständigen Hybridform. Durch das Überschreiten von Grenzen destabilisiert der Parasit die Bedeutung selbst und verwirrt die Vorstellung von einer einheitlichen oder universellen Identität der Bedeutung.[149] Die Schrift kann nicht einfach als passives Medium betrachtet werden kann, sondern als aktive Kraft, die die Bedeutung konstruiert und verändert. Die Verbindung zwischen dem pharmakon und der Schrift zeigt auch, wie Derrida die Idee der Iteration und Entfremdung betont. Derrida erklärt, dass, sobald ein „Aussen als Supplement" existiert, dieses Aussen selbst wiederholt und durch ein Double ersetzt werden kann.[150] Nach Platon ist die Schrift ein „schicksalhaftes Mitreissen dieser Verdoppelung: Supplement eines Supplements, Signifi-

144 Vgl. Ebd.
145 Vgl. Derrida 1995, S. 106.
146 Vgl. Ebd.
147 Vgl. Derrida 1995, S. 80.
148 Derrida 1995, S. 81-82.
149 Vgl. Derrida 1995, S. 81-82.
150 Vgl. Derrida 1995, S. 122.

kant eines Signifikanten".[151] Dies führt zu einer unbegrenzten Iteration und Entfremdung vom ursprünglichen Original und seiner Wahrheit. Mit anderen Worten, das Supplement kann selbst zum Hauptelement werden und weiter ergänzt oder ersetzt werden, was zu einer immer grösseren Entfernung von der ursprünglichen Bedeutung führt. Derrida fährt fort:

> Das pharmakon ist jenes gefährliche Supplement, das per Einbruch genau in das hinein eintritt, was auf jenes gerade nicht hatte angewiesen sein wollen und was sich zugleich eben durch die Spur, wodurch die Gegenwart erweitert wird, wiewohl sie darin verschwindet, eine Bahn anweisen, Gewalt antun, erfüllen und ersetzen, vervollständigen lässt.[152]

Das pharmakon wird hier als ein gefährliches Supplement betrachtet, das auf eine Weise in das eindringt, was ursprünglich nicht davon abhängig sein wollte.[153] Es tritt in das bestehende System ein und verändert es, indem es eine Spur hinterlässt, die die Gegenwart erweitert, obwohl sie gleichzeitig in ihr verschwindet.[154] Die Gleichstellung des pharmakons mit der Schrift in Derridas Analyse verdeutlicht, dass die Schrift eine ambivalente Natur besitzt – als Gift oder Heilmittel, wie das pharmakon. Die Schrift trägt die Eigenschaften, die Strukturen zu transformieren und gleichzeitig ihre eigene Anwesenheit und Abwesenheit innerhalb des Systems zu etablieren.

Um jegliche Zweifel der schriftlichen Manifestation des pharmakon zu beseitigen, erscheint Theuth in der letzten Phase des Dialogs des *Phaidros* auf die Bühne. In einem performativen Akt als „Auftritt des Theuth auf der Bühne" wird das pharmakon als die Schrift ohne Umwege oder versteckte Argumentation „vorgelegt, präsentiert und deklariert".[155] Diese drei Verben verweisen auf die Notwendigkeit eines auszuführenden performativen Akts seitens Theuth. Erstens, damit es vorgelegt und präsentiert werden kann, muss es jedoch schon existieren. Zweitens betont das Verb deklarieren, dass Theuth als Subjekt einen performativen Akt des Benennens vollführt. Dies bezieht sich darauf, dass das pharmakon bereits als Konzept bekannt war und somit ein akzeptierter Bedeutungsträger ist. Dies impliziert die schriftliche Manifestation des pharmakon als Voraussetzung für seine Performanz.[156]

151 Derrida 1995, S. 122.

152 Derrida 1995, S. 123.

153 Vgl. Derrida 1995, S. 123.

154 Vgl. Ebd.

155 Vgl. Derrida 1995, S. 81-82

156 Vgl. Derrida 1995, S. 81.

Die sprachphilosophische Auseinandersetzung mit dem Performanzbegriff

Die Begriffe Performativität und Performanz wurden als Neologismus von Austin eingeführt.[1] Diese Neuschöpfung leitet sich etymologisch vom Verb „to perform“ ab, welches die Bedeutung des „Vollziehens“ oder „Durchführens“ impliziert.[2] Der Terminus Performativität findet in einem umfassenden Kontext Anwendung, und zwar stets dann, wenn es um Aufführungen, Inszenierungen und Darbietungen geht.[3]

In seinem Werk *Signatur, Ereignis und Kontext* widmet Derrida sich der Sprechakttheorie von John Austin, welche den Weg für eine Verbindung von Schrift und Sprache zur Performativität und Performanz eröffnet.[4] Für Derrida ist die Iterierbarkeit ein grundlegender Aspekt der Sprache selbst,[5] nämlich „die bestimmte Modifikation einer allgemeinen Zitierhaftigkeit – einer allgemeinen Iterierbarkeit vielmehr – , ohne die es sogar kein „geglücktes“ performativ gäbe“.[6] Derrida kritisiert Austin dafür, dass er die Möglichkeit des Zitierens als „anormal, parasitär [als] eine Art Entkräftung, ja sogar Agonic der Sprache darstellt, die nachdrücklich fernzuhalten ist und von der man sich entschlossen abzuwenden hat“.[7] Gerade der Begriff des Parasiten, der am Beispiel des pharmakon von Derrida bei Platon analysiert wurde, findet sich nun bei Austin wieder. Für Austin muss die „gewöhnliche Sprache“ von dem Parasitären befreit werden: „Die Sprache wird [] nicht ernsthaft gebraucht, sondern auf eine Art, die für ihren normalen Gebrauch parasitär ist [] Unsere performativen Äusserungen sollten, ob geglückt oder nicht, aufgefasst werden, als würden sie unter gewöhnlichen Umständen hervorgebracht“.[8]

Geglückte performative Äusserungen erlangen jedoch laut Derrida ihre Bedeutung gerade durch ihren wiederholbaren und zitathaften Charakter.[9] Das Zitieren ist eine besondere Form der Wiederholbarkeit von Sprache, die zeigt, dass Sprache nicht statisch, sondern in ständiger Bewegung

1 Vgl. Austin 1979, S. 29.

2 Vgl. Austin 1979, S. 30.

3 Vgl. Fischer-Lichte 2004, S: 41.

4 Vgl. Schuhmacher 2002, S. 387.

5 Derrida 1999, S. 347.

6 Derrida 1999, S. 345.

7 Derrida 1999, S. 344.

8 Vgl. Ebd.

9 Vgl. Derrida 1999, S. 344.

und Veränderung ist.[10] Wenn ein Zeichen nicht wiederholbar ist oder keine Iterierbarkeit besitzt, bedeutet dies, dass es seine Fähigkeit, Bedeutung zu vermitteln und darzustellen, verliert: Jedes Zeichen muss zwangsläufig die Fähigkeit zur Wiederholung in sich tragen, um als solche betrachtet zu werden.[11] Die Wiederholung und Variation bei der Verwendung von Zeichen führt zu einer ständigen Offenheit für neue Interpretationen und Bedeutungen (wie bei Platons pharmakon).[12] Derrida resultiert daraus, dass jede performative Äusserung die Fähigkeit hat, wiederholt oder zitiert zu werden.[13] Ihre Signifikanz und Wirkung entfalten sich in der Reproduzierbarkeit und der Möglichkeit, in unterschiedlichen Kontexten erneut aufgegriffen zu werden:[14] „Jedes Zeichen [], kann als kleinere oder grössere Einheit zitiert, in Anführungszeichen gesetzt werden; dadurch kann es mit jedem gegebenen Kontext brechen, unendlich viele neue Kontexte auf eine absolut nicht saturierbare Weise erzeugen".[15] Die Idee der différance ermöglicht es Derrida, die grundlegende graphematische Struktur jeder Form von Kommunikation zu postulieren.[16] Die Konsequenz dieser Struktur ist, dass die ursprüngliche Absicht oder Intention, die eine mündliche Äusserung leitet, nie vollständig in Bezug auf sich selbst und ihren Inhalt präsent sein kann.[17] Die Idee der Iteration, die von vornherein in dieser Struktur verankert ist, führt zu einem Auseinanderweichen der zusammengehörigen Zeichen und einem grundlegenden Bruch in der Intention.[18] Derrida kritisiert Austin, dass dieser mit seiner Definition der gewöhnlichen Sprache, die Theorie des Parasitären ausschliesst, denn dadurch schliesst Austin das Zitieren von seiner Definition der reinen performativen Äusserungen aus.[19] Derrida betont, dass das, was Austin als „unernst", „parasitär" oder „oratio obliqua" betrachtet wird, nicht mehr von der „gewöhnlichen" Sprache ausgeschlossen werden kann.[20] Dies bedeutet nicht, dass die Wirkung von Sprache oder die Bedeutung von performativen Äusserungen ignoriert werden, sondern dass sie in einem erweiterten Rahmen betrachtet werden, der die Vielfalt der sprachlichen Ausdrucksformen berücksichtigt.[21]

10 Vgl. Ebd.

11 Vgl. Derrida 1999, S. 335; 344-345.

12 Vgl. Derrida 1999, S. 347.

13 Vgl. Derrida 1999, S. 344.

14 Vgl. Derrida 1999, S. 335.

15 Derrida 1999, S. 339.

16 Vgl. Derrida 1999, S. 347.

17 Vgl. Ebd.

18 Vgl. Ebd.

19 Vgl. Derrida 1999, S. 345.

20 Vgl. Ebd.

21 Vgl. Ebd.

Die Schrift, wie von Derrida in Verbindung mit Saussure und Husserl postuliert, repräsentiert die Lösung zur Stabilisierung von Zeichen. Sie wird als „Verräumlichung" der Sprache bezeichnet und unterbricht die „Anwesenheit im Zeichen (marque)".[22] Diese Schriftlichkeit vermag die Gegenwärtigkeit der Sprache zu durchbrechen, indem sie erstens das schriftliche Zeichen über die Momentaufnahme seiner Niederschrift hinaus bewahrt, es erlaubt, wiederholt und genutzt zu werden, selbst wenn das individuelle Subjekt, das es ursprünglich verfasst hat, nicht mehr präsent ist.[23] Das schriftliche Zeichen behält demnach seine Wirksamkeit über die reine Anwesenheit hinaus.[24] Zweitens betont Derrida die fundamentale Eigenschaft geschriebener Zeichen, nämlich die „Kraft eines Bruches mit seinem Kontext".[25] Geschriebene Zeichen haben die Eigenschaft, unabhängig von ihrem ursprünglichen Kontext und der Intention des Schreibers lesbar zu bleiben.[26] Die Einflüsse verschiedener Kontexte und Absichten des Sprechers in sprachlichen Äusserungen verdeutlichen, dass aufgrund der unendlichen Bedeutungsgenerierung dem Sprecher die Kontrolle über seine Sprache entzogen wird. Diese Unterschiede zwischen „schriftliche Kommunikation" und der „gesprochenen Kommunikation" werden durch diese beiden Aspekte manifestiert.[27]

Mit anderen Worten, um eine genaue Bedeutung zu haben, müssen die Zeichen also ursprünglichen schriftlichen Ursprungs sein. Tatsächlich ermöglicht nur die Schrift die Generierung von Sinn unabhängig von der Absicht des Sprechers, der Stimme und äusseren Kontexten. Diese These wurde von Erika Fischer-Lichte und Judith Butler aufgegriffen, was im nächsten Kapitel untersucht werden soll.

Körper und Performanz: Butler und Fischer-Lichte in der Analyse

Performativität bezieht sich auf die Fähigkeit von Handlungen oder Aussagen, etwas nicht nur zu beschreiben oder darzustellen, sondern tatsächlich zu vollziehen.[28] Damit einhergehend sind Körper und Stimme als Medium, um performativ aufzutreten, unabdinglich. In gewisser Weise ist der Körper

22 Vgl. Derrida 1999, S. 348.

23 Vgl. Derrida 1999, S. 335.

24 Dies gilt auch für Tonaufnahmen, wie es sie im Rap gibt, da es sich im Gegensatz zur gesprochenen Kommunikation immer noch um ein Zeichen handelt, das aufgenommen und wiederholt werden kann.

25 Vgl. Ebd.

26 Vgl. Derrida 1999, S. 334.

27 Vgl. Derrida 1999, S. 335.

28 Vgl. Ebd.

selbst wie ein Zeichen, das sich wiederholt. Dies zeigt sich in der Definition von „Performance" im Reallexikon der deutschen Literaturwissenschaft von Apfelthaler und Röttger als „[k]ünstlerisch intendierte Vollzug einer körpergebundenen Aktion in realer Zeit und realem Raum".[29] In dieser Definition findet sich als erstes der körpergebundene Aspekt. Diese Auffassung wurde von Butler thematisiert. Butler unterscheidet sich von Austin, indem sie Performativität nicht als Einzelhandlung betrachtet, sondern als Prozess, der das erzeugt, was er benennt: „Der Körper [ist] nicht bloss Materie, sondern ein fortgesetztes und unaufhörliches *Materialisieren* von Möglichkeiten".[30] Dies deutet darauf hin, dass die Prädestination des Körpers nicht auf ein festgelegtes inneres Wesen zurückzuführen ist.[31] Stattdessen eröffnet diese Perspektive ein breites Spektrum an Möglichkeiten, in denen der Körper verschiedene historische Variationen aufnimmt und in sich verkörpert.[32] Dabei wird das Individuum durch die Vielzahl von sozialen Normen und Diskursen (Austin spricht von Kontexten) und begrenzter Handlungsmöglichkeiten beeinflusst, sodass es keine uneingeschränkte Auswahl bei der Verkörperung verschiedener Möglichkeiten hat.[33] Ähnlich einem Zitat, das zuvor schriftlich existiert, bedarf auch das Sprechen einer Referenz oder eines Bezugsrahmens, bestehend aus bereits vorhandenen Zeichen.[34] Gerade weil performative Äusserungen auf das „Vermächtnis früherer überpersönlicher sprachlicher und aussersprachlicher Praktiken" verweisen, sind die Zeichen an eine Wiederholung gebunden und nehmen aufgrund ihres „iterativen Charakters" die Form eines Zitats oder eines Rituals an.[35] Butler vergleicht den performativen Akt mit der Inszenierung eines vorgegebenen Textes: „Die Handlung, die man ausführt, der Akt, den man performt, ist in gewissem Sinn ein Akt, der schon eingesetzt hat, bevor man auf dem Schauplatz erschienen ist".[36] Da die als performativ angesehenen, auf Kommunikation abzielenden Handlungen des Körpers immer in einem bestimmten Kontext stattfinden, ergibt sich ein Bezug zu etwas, das bereits existiert.[37] In ähnlicher Weise verwenden Apfelthaler und Röttger Adjektive wie „künstlerisch" und „intendiert" in ihrer Definition, die auf dieselbe Intention hinweisen: ein gestalterisches und beabsichtigtes Sprechen und Performen. So tritt

29 Apfelthaler und Röttger 2007, S. 41.

30 Butler 2002, S.304.

31 Vgl. Butler 2002, S.304.

32 Vgl. Ebd.

33 Vgl. Butler 2002, S.312.

34 Vgl. Butler 2002, S.312.

35 Vgl. Krämer 2001, S. 143.

36 Butler 2002, S.312.

37 Vgl. Butler 2002, S.312.

der Rapper/die Rapperin wie ein Schauspieler auf: „Im Rollenspiel simuliert der Sprecher meist den produzierenden Sprechakt, er tut ›als ob‹ er frei formulieren würde".[38] Dies bedeutet, dass der Rap eine Form der „fingierten Performativität" darstellt, bei der scheinbar spontane und unmittelbare Darbietungen erzeugt werden, die in Wirklichkeit jedoch vorher präzise geplant und eingeübt wurden.[39] Durch die bewusste Auswahl von Raptechniken wie „Sampling", „Cutting", „Biting" und „Flipping", aber auch die Verwendung von Intertexten/Zitaten, Reimen und rhetorischen Stilmitteln wird das Produzieren zu einer performativen Kunst, die nicht spontan mündlich gerappt werden kann. Die Sprache benötigt daher eine Referenz oder einen Rahmen, der auf bereits vorhandene Zeichen zurückgreift, die bereits schriftlich fixiert wurden. Diese fingierte Inszenierung schliesst nun wieder an Rap als „eine Kultur des Machens und Produzierens"[40] an.[41] Die sprachlichen Zeichen sind somit an strikte Wiederholung gebunden, was bedeutet, dass der iterative Charakter der Sprache die Form eines wörtlichen Zitats annimmt. Dazu bemerkt Krämer, dass die Hervorhebung der Körperlichkeit des Sprechens deutlich macht, dass der scheinbar absichtliche und vollständig kontrollierbare Sprechakt letztendlich als „Phantasma", als ein Trugbild, entlarvt wird.[42] In diesem Zusammenhang verweist der Philosoph Bernhard Waldenfels auf eine interessante Beobachtung im Rap-Genre. Er hebt im Rap-Genre die Präsenz einer „künstlichen Natürlichkeit" hervor, bei der stilisierte Ausdrucksformen so überzeugend präsentiert werden, dass sie den Eindruck natürlicher Spontaneität erwecken.[43] Dies führt zu einem „hypermodernen Pygmalioneffekt", bei dem die Darstellung oder Repräsentation so detailgetreu und überzeugend ist, dass sie authentischer oder realer erscheint als die tatsächliche Realität.[44] In dieser Präsenz, so glaubt der Zuhörer/die Zuhörerin findet ein gemeinsames Ereignis statt, da durch diese künstliche Natürlichkeit eine unmittelbare Verbundenheit zwischen Künstler*in und Publikum erzeugt wird.

Genau diese Abhängigkeit der physisch intendierten Leistung vom realen Raum und in der realen Zeit betonen Apfelthaler und Röttger in der eingangs erwähnten Definition von Rap. In diesem Zusammenhang erläuterte Fischer-Lichte, dass der Rap geradezu „paradigmatisch für die Flüchtigkeit

38 Caillois 1966, S. 14ff.

39 Vgl. Waldenfels 2003, S. 32.

40 Vgl. Klein und Friedrich 2003, S. 155.

41 Vgl. Androutsopoulos 2003, S. 13.

42 Vgl. Krämer 2001, S.248.

43 Vgl. Waldenfels 2003, S. 32.

44 Vgl. Ebd.

von Aufführungen" steht.[45] Er ist geprägt von Flüchtigkeit, situativ bedingter Einmaligkeit und Dynamik, die auf das physische Hier und Jetzt zurückzuführen sind und während des Sprechakts bereits vergehen: „Jede durch raum-zeitliche Verschiebung charakterisierte Wiederholung eines Zeichens impliziert zugleich sein Anderswerden".[46] Die Vorstellung, dass der Körper selbst Zeichen darstellt und dass jede Aufführung Veränderungen mit sich bringt, resultiert gleichzeitig auch in ihrer eigenen Auslöschung.[47]

In diesem Zusammenhang wird das bereits zuvor erörterte Problem der Stimme bei Derrida deutlich. Es zeigt sich, dass die Stimme, obwohl sie den Anschein erweckt, eine unmittelbare Verbindung zwischen den Rapschaffenden und ihrem Publikum herzustellen, nicht in der Lage ist, die Präsenz dessen, was gesagt wird, zu manifestieren. Ong schreibt dazu: „Das gesprochene Wort ist immer ein Ereignis, eine Bewegung in der Zeit, ganz ohne die dingliche Ruhe des geschriebenen oder gedruckten Wortes".[48] Das gesprochene Wort existiert in der Tat nur im Augenblick seiner Aussprache und ist zeitlich begrenzt. In dieser Hinsicht unterstreicht der Rap als künstlerische Form der mündlichen Performance seine flüchtige Natur, indem er die Vergänglichkeit und Einzigartigkeit des jeweiligen Aufführungsmoments betont. Im Gegensatz dazu hat das geschriebene Wort eine bleibende Präsenz, da es auf einem physischen Medium festgehalten ist und nicht der Vergänglichkeit der gesprochenen Sprache unterliegt. Dies unterstreicht die Notwendigkeit der schriftlichen Manifestation in der Kommunikation, wie Derrida behauptet: Die Stimme allein ist aufgrund ihrer Unzuverlässigkeit nicht in der Lage, die Absicht des Sprechers wirksam zu vermitteln.[49] In diesen beiden Konzepten von Derrida und in Ongs Zitat lässt sich Derridas Idee der Schrift als Voraussetzung der Performanz erkennen. Wenn Ong von „dinglicher Ruhe" spricht, bezieht er sich auf die statische und gegenständliche Natur des Zeichens und damit auf das geschriebene Wort.

Dies wird noch deutlicher, wenn man bedenkt, dass die grundlegende Bedeutung des Rap darin besteht, wiederholbare Performances im Sinne einer Deklamation zu schaffen.[50] Die dazu benötigte ausgeschmückte Sprache gehört zur Phase der elocutio. Diese sprachliche Verfeinerung wird als eine wesentliche Voraussetzung angesehen, um eine effektive Präsentation beim Vortrag (actio/pronuntiatio) zu ermöglichen.[51] Somit umfasst die

45 Vgl. Fischer-Lichte 2021, S. 74.

46 Krämer 2004, S. 16.

47 Auch wenn dieser Moment in einer Tonaufnahme konserviert wird.

48 Ong 2016, S. 70.

49 Vgl. Derrida 2003, S. 109-112. Forumsbeitrag. 07. Nielaba.

50 Vgl. Bradley 2009, S. 154.

51 Vgl. Braungart und Till 2007, S. 433.

Konzeption des Rap zwei wesentliche Aspekte: die literale Tätigkeit (elocutio)[52] und die mündliche Ausführung (actio/pronuntiatio)[53]. Darüber hinaus sind die während der Aufführung durchgeführten Bewegungen und „begleitenden Gesten“ als actio zu verstehen.[54] Obwohl Rap bezüglich seines mündlichen Vortrags konzipiert wird und erst in diesem Moment seine volle Wirkung entfaltet, bleibt der Vortrag latent von der schriftlichen Konzeption beeinflusst und geprägt.[55] Dieser Aspekt findet eine Entsprechung in der Definition von Apfelthaler und Röttger, in der sie die „intendierte Performanz,“ also die geplante oder beabsichtigte Aufführung, beleuchten. Rapper*innen arbeiten gezielt an Reimen, rhetorischen Stilmitteln und bedienen sich Iterationen und Zitaten, um tiefgreifende Botschaften zu vermitteln. Diese sprachlichen Elemente können im Sinne Husserls als „Ausdrücke“ verstanden werden, für ein Zeichen, das eine Bedeutung oder einen Sinn ausdrückt.[56] Butlers Konzept der Performativität wird ebenfalls in diesem Zusammenhang sichtbar, da es zeigt, wie durch verschiedene Kontexte ständig neue Möglichkeiten zur Materialisierung entstehen. Obwohl der Rap strikten Regeln unterliegt, bleibt die performative Aufführung dennoch stark abhängig von der spezifischen Szene oder dem Kontext, in dem er stattfindet: „Das Spiel des HipHop zu spielen, meint: einerseits die Spielregeln des HipHop-Feldes zu akzeptieren und andererseits den szene-spezifischen Habitus als individuellen Stil zu inszenieren“.[57]

Dies zeigt, dass die mündliche Darbietung im Rap einen künstlerischen Charakter hat. Um die vom Künstler/der Künstlerin intendierte Bedeutung zu gewährleisten, muss diese, wie von Derrida erläutert, primär schriftlich ausgearbeitet werden.[58] Daraus ergibt sich die Schriftform als Voraussetzung für die mündliche Darbietung und erklärt den Rap zu einem genuin schriftlichen Kunstwerk. Diese Feststellung wird im folgenden Kapitel in der Praxis demonstriert.

52 Vgl. Braungart und Till 2007, S. 432.

53 Vgl. Braungart und Till 2007, S. 333.

54 Vgl. Ebd.

55 Vgl. Lausberg 2008 [1960], S. 42.

56 Vgl. Derrida 1979, S. 94.

57 Klein und Friedrich 2003, S. 199.

58 Vgl. Wolbring 2015, S. 120.

Rap in der Praxis

Ähnlich wie Derridas dekonstruktive Methode, die darauf abzielt, über das Primat der Schrift nachzudenken, thematisieren auch Rapper*innen in ihren Texten die Bedeutung der Schrift als Voraussetzung für Mündlichkeit. Dabei werden sowohl inhaltliche als auch stilistische Aspekte anhand der rhetorischen Stilmittel und des Rap-Lexikons detailliert untersucht und näher beleuchtet.[1] Anhand der Konzepte von Derrida und Butler wird die zentrale These untersucht, dass der Rap als künstlerische Ausdrucksform fortwährend das Bewusstsein und die Reflexion darüber aufrechterhalten muss, dass er auf Schriftlichkeit als dem fundamentalen Element beruht.

NF – Mansion[2]

Die erste Strophe des Rapsongs *Mansion* von NF veranschaulicht die komplexe und vielschichtige Natur der Rap-Kunst und dient als allegorisches Beispiel für den Schreibprozess, wie im Folgenden erläutert wird. Gerade die Aussage in der letzten Zeile des Intros „[t]hese walls are my blank expression. My mind is a home I'm trapped in" enthüllt das zentrale Thema der Schriftlichkeit und Mündlichkeit. Diese Worte verdeutlichen die Erfahrung der Persona,[3] die sich bildlich in ihrem Geist an den „leeren (blank) Wänden" ausdrückt, während der Ort gleichzeitig als eine Form der Gefangenschaft beschrieben wird. Im Hinblick auf die Rhetorik eines Rappers/einer Rapperin werden hier die Phasen der Erfindung (inventio), Anordnung (dispositio) und Ausdrucks (elocutio) angesprochen, indem diese in Form von Schriftzügen an den Wänden dargestellt werden. Die Zeile „[i]nsidious is blind inception. What's reality with all these questions?" schafft eine Verbindung zum Rapschaffen und greift die Herausforderungen auf, die den Realitätsanspruch in Fragen thematisieren.[4] Der Ausdruck „blind inception" (blinder Anfang) bezieht sich somit entweder auf etwas, das aufgrund physischer Beschränkungen nicht gesehen werden kann, oder darauf, dass die Augen bewusst verschlossen bleiben, um es nicht zu sehen. In diesem Kon-

1 Es wird empfohlen, die im Anhang beigefügten Lyrics griffbereit zu halten und sie während der Analyse zu konsultieren. Auf diese Weise können die interpretativen Nuancen sowohl buchstäblich als auch zwischen den Zeilen „gelesen" werden.

2 Vgl. NF 2015.

3 Im weiteren Verlauf wird in den Lyrics der Begriff Persona verwendet, um auf das Ich oder Subjekt innerhalb der Texte zu verweisen. Es wird versucht, zwischen der Persona und den Rappern/Rapperinnen eine Unterscheidung zu treffen, die jedoch nie klar und eindeutig vorgenommen werden kann.

4 Übers. Heimtückisch ist blinder Anfang, was ist Realität mit all diesen Fragen.

text wird argumentiert, dass es irreführend ist, Menschen dazu zu verleiten, sich ausschliesslich auf dieses „Blinde“ zu verlassen. Vielmehr impliziert das Geschriebene, im Gegensatz zum „Blinden“, die Möglichkeit, diese heimtückische Falle zu umgehen. Es verdeutlicht die Tatsache, dass das Geschriebene eine Form der Sicherung der Zeichen darstellt. Dies spiegelt die Frage des Realitätsanspruchs mündlicher Aussagen wider, die offen bleibt, nämlich als schriftliche Frage. Darüber hinaus wird die Thematik der Schrift und Sprache durch den „blinden Anfang“ als verborgenen Anfang, oder wie Derrida als Ursprung erklärt, in einem Bedeutungssystem, das nur durch Reflexion mit dem Text und Interaktion mit den Zeichen entdeckt wird, deutlich. Das Konzept des „blinden Anfangs“ verweist auf die latenten Anfänge in mündlich ausgedrückten Bedeutungen, die erst durch die aufmerksame Prüfung des geschriebenen Wortes als ursprünglich entdeckt werden.

In der folgenden Metapher des Verschlafens wird dies verdeutlicht: „Feels like I missed my alarm and slept in“ veranschaulicht die Analogie zur Schriftlichkeit und Vorbereitung im Rap. Hier wird angedeutet, dass die Rap-Texte im Geist oder Unterbewusstsein des Künstlers/der Künstlerin während des Schlafs vorbereitet und geformt werden. Das Aufwachen symbolisiert den Moment, in dem diese vorbereiteten Texte durch den performativen Akt des Starts in den Tag zum Ausdruck kommen. Der „Wecker“ fungiert als Metapher, die den Künstler/die Künstlerin buchstäblich ins Leben ruft und ihn daran erinnert, rechtzeitig aufzustehen, um seine vorbereiteten Texte zu realisieren. Hierbei wird auch Derridas Problem der Stimme deutlich. Die Verwendung von „es fühlt sich an (feels like)“, als ob die Persona verschlafen habe, weist darauf hin, dass die stimmliche Darbietung nie vollständig der schriftlichen Vorbereitung gerecht werden kann – es fühlt sich nur so an. Daher wird die stimmliche Performance immer das Gefühl des Verschlafens vermitteln, da sie nie bis zur schriftlichen Vorbereitung, vergleichbar mit dem Aufwachen, gelangt. Die Wiederholung von „slept in“ betont diesen Punkt weiter. Dies verdeutlicht die Unzuverlässigkeit der Stimme und betont die Bedeutung der schriftlichen Voraussetzung im Rap.

Die Unausweichlichkeit des Schreibens wird durch die Zeile „broken legs but I chase perfection“ bestätigt. Diese Metapher bringt zum Ausdruck, dass man der Phase des Schreibens und der Texterstellung trotz widriger Umstände (trotz gebrochener Beine, die zum Laufen unerlässlich sind) buchstäblich nicht entkommen kann. Das „chase perfection“ fungiert dann als das erstrebenswerte Ziel, das durch diese schriftliche Vorbereitung erreicht werden muss, bevor es zur mündlichen Darbietung übergeht. Die Persona jagt (chase) diesem Ziel hinterher, was die Unerlässlichkeit einer schriftlichen Vorbereitung im Rap als Grundlage für die mündliche Darbietung zeigt. Um diese künstlerische Perfektion zu erlangen, benötigt also der Künstler/die Künstlerin ein Medium, wie es NF in seinen Raptexten beschreibt, nämlich die

„leeren Wände" in seinem Kopf. Hierbei repräsentieren die Wände also die Gedankenwelt der Persona. Diese Metapher veranschaulicht den kreativen Raum eines Künstlers/einer Künstlerin, in dem Ideen entstehen, ausgearbeitet und verschriftlicht werden. Diese Bedeutung wird in der nachfolgenden Zeile verstärkt, in der der „mind" als dieser Schaffensraum gleichgesetzt wird, nämlich als „my mind is a house with walls covered in lyrics". Damit wird betont, dass der Geist des Künstlers/der Künstlerin der Ort ist, an dem seine/ihre Texte schriftlich als Lyrics niedergeschrieben werden. Diese Haus-/Wandmetapher in Verbindung mit Derridas Auffassung von Schrift und Mündlichkeit unterstreicht, dass Schriftlichkeit hier als eigenständige und primäre Form betrachtet wird, die in der Kunst des Rap eine entscheidende Rolle spielt. Diese materielle Metapher bringt einen weiteren Aspekt mit sich, welche sich in folgenden Worten analysieren lässt: „They're all over the place, there's songs in the mirrors. Written all over the floors, all over the chairs." Die schriftlichen Spuren durchziehen sämtliche Bereiche der Villa, von den Spiegeln bis zu den Böden und Stühlen. Die Erwähnung dieser Elemente als Träger der Texte verdeutlicht ihre Funktion als Medium oder leere Seiten, auf denen die Texte niedergeschrieben werden können. Dies unterstreicht die Idee, dass die schriftliche Vorbereitung und das Festhalten von Gedanken in schriftlicher Form. Die Persona erinnert den Zuhörer/die Zuhörerin daran, dass Raplyrics buchstäblich überall präsent sind – an den Wänden, in den Spiegeln, auf den Böden und auf den Stühlen.

In der nächsten Zeile verknüpft NF die geschriebenen Lyrics auf den „chairs" mit dem Schreibprozess, der „downstairs" stattfindet. Dies kann im Zusammenhang mit den fünf Phasen der Rhetorik besser verstanden werden. Betrachtet man die gesamte Zeile „[a]nd you get the uncut version of life when I go downstairs" zeigt sich die Phase der inventio (Erfindung), in dem der Künstler/die Künstlerin seine/ihre erste, ungefilterte Version, d.h. die ursprüngliche Version, in seinem Kopf durchspielt. Dieser Schritt ist der Ausgangspunkt für die Botschaft, die er/sie mit seinem/ihrem Rap vermitteln möchte. Die Metapher des Hauses, in dem die Gedanken im Kopf beginnen und in den „Keller" (downstairs) wandern, repräsentiert dabei die dispositio. Dort im Keller wird die Struktur des Rap festgelegt, und die im Kopf überlegten Gedanken werden geordnet. Die Gedanken wandern vom Kopf in den Keller und damit in die Schrift, was durch den reinen Endreim zwischen „chairs" und „downstairs" unterstrichen wird. Die Wahl der Worte und der stilistische Ausdruck, wie sie in der Zeile „let out the version of NF" zu finden sind, entsprechen der elocutio (Ausdruck). Die elocutio bezieht sich auf die bewusste Wahl von Worten und stilistischen Mitteln, um die Bedeutung der Botschaft zu vermitteln. Nur auf dieser schriftlichen Grundlage kann der Zweck der Mitteilung an das Publikum berücksichtigt werden. An dieser Stelle setzt die actio/pronuntiatio (Aussprache) ein, wenn der Rapper/

die Rapperin seine Texte mündlich vorträgt und sie auf eine Weise präsentiert, die das Publikum anspricht.

Die Passage von NF bringt auch hervor, dass für die schriftliche Niederschrift der Worte ein performativer Akt des Subjekts erforderlich ist. Dies wird in der folgenden Zeile explizit gemacht: „I put holes in the walls with both of my fists". Hier wird deutlich, dass die körperliche Aktion der Persona, symbolisiert durch die Faust, notwendig ist, um etwas auf der Wand zu manifestieren. Es wird betont, dass der Akt des Schreibens selbst in eine körperliche Handlung umgewandelt wird, wofür die Faust als Symbol dient. Allein das Halten eines Stifts zum Schreiben führt unweigerlich zur Bildung einer Faust. Indem der Rapper/die Rapperin die Fäuste in die Wände schlägt, auf denen die Worte manifestiert wurden, wird er/sie zum Schöpfer der Worte, die ausgedrückt werden. Das Bild des Faustschlags verdeutlicht die Fähigkeit des Rappers/der Rapperin, bestimmte Worte auszuwählen und stilistische Ausdrücke geschickt einzusetzen, was die elocutio widerspiegelt. Dies wird weiter betont, wenn die Persona rappt: „And these walls ain't blank". Es sind also keine leeren Wände, sondern Wände mit Kontext, mit schriftlichen Zeichen, die erst durch die Niederschrift lesbar sind, an Bedeutung gewinnen und somit verstanden werden können. Sonst wären sie nur eine weisse, leere Fläche aber „[t]hat picture ain't blurry at all". Dies verdeutlicht, dass die Schriftlichkeit den Gedanken und Texten eine klare Form und Bedeutung verleiht.

Diese Auffassung wird in den folgenden Zeilen durch den identischen Endreim zwischen „I dont wanna see em" und „I might as well read ‚em" verstärkt. Die Verben „sehen" (see) und „lesen" (read) beziehen sich auf die physische Präsenz der Schrift: Die Verwendung des Endreims zwischen „see" und „read" in den parallelen Phrasen veranschaulicht auf subtile Weise den Kontrast zwischen dem gesprochenen und dem geschriebenen Wort im Rap. Obwohl es beim Sprechen so scheint, als könnte man die schriftlichen Aspekte vernachlässigen, d.h. nicht sehen zu wollen (see em), wird deutlich gemacht, dass dies trotzdem geschieht (read em): das „I might as well read ‚em" verdeutlicht, dass die schriftlichen Texte „ebenso (as well)" von Bedeutung sind. Ansonsten würde hier nicht „ebenso (as well)" stehen sondern nur „I might read them". Dieser Aspekt wird durch die wiederholte Phrase „[m]y mind is a house with walls" als Metapher für leere Seiten betont.

Die Zeilen „[s]omehow, this memory, for some reason, just won't burn down" und „I'ma keep the door shut and lock the lyrics inside" verdeutlichen diese Voraussetzung der geschriebenen Texte und die Unmöglichkeit, sie aus dem Gedächtnis zu löschen. Wenn man auf die Metapher des Hauses zurückgreift, zeigt sich, dass ähnlich wie beim Bau eines Hauses, bei dem ständig Bausteine hinzugefügt werden, auch Texte durch Hinzufügen von Zeichen aufgebaut werden. Die Metapher des Hausbaus als paralleler Prozess zum Schreiben betont, wie Gedanken und Ideen durch das Hinzufügen von Worten und Zeichen aufgebaut werden. Die Worte, die aus dem Geist der Persona hervorgehen, erhalten erst an den metaphorischen Wänden (den geschriebenen Zeichen) eine klar erkennbare Form und Präsenz. Die Vorstellung, dass es bereits ein Fundament geben muss, auf dem etwas hinzugefügt werden kann, wird auf der Textebene durch die Metapher von den „Wänden" und dem „Haus" illustriert. Wie bereits oben angedeutet, wird „[m]y mind is a house with walls" als Metapher für den kreativen Prozess hervorgehoben. Die „Wände" stellen das Medium der Manifestation der Schrift dar, das als Grundlage für die Gedanken und Texte dient.

In der realen Welt betritt der Rapper/die Rapperin die Bühne ähnlich einem Schauspieler, der ein bereits existierendes Skript oder einen vorbereiteten Textkörper mitbringt, den er dann performativ um die bedeutungstragenden Elemente herum zum Leben erweckt. Die Zeile „see, my problem is, I don't fix things, I just try to repaint" zeigt dies auf. Sie weist darauf hin, dass die geschriebenen Texte eine Art „feste" Grundlage bilden, auf dem die Aufführung aufbaut, und dass die Bedeutung in dieser mündlichen Handlung ständig neu generiert wird, wie Butler erwähnt – die Bedeutungen sind nie endgültig festgelegt, sondern verändern sich ständig aufgrund des Kontexts, interner und externer Faktoren und der Wiederholung.

Damit zeigt sich auch Derridas Problem der Stimme: die stimmliche Performance eines Rappers/einer Rapperin, die aufgrund ihrer flüchtigen Natur, niemals gleich beim Zuhörer/bei der Zuhörerin ankommt. Dies kommt in der Einladung der Persona am Ende zum Ausdruck: „Are you confused? Come upstairs and I'll show you what I mean." Indem die Persona das Publikum direkt mit „you" anspricht, erreicht sie ein „Durchbrechen der vierten Wand".[5] Diese besondere Art der Erzählperspektive schafft eine direkte Interaktion zwischen dem Rapper/der Rapperin und dem Publikum, um über das Problem der Stimme nachzudenken. Inhaltlich dient der Raum, in dem das Schriftliche steht, als Ort der Präsenz und der Bedeutung. Die Zeile dient also als Kommentar zur Fragilität der mündlichen Kommunikation im Vergleich zur Schrift im Sinne Derridas. In diesem Sinne stellt NF, wie Derrida, die Schrift als eine Form der Bedeutung vor, mit der die Unzuverlässigkeit der Stimme überwunden werden kann. Dies wird in den Zeilen "[t]his room [] just keeps getting fuller" unterstrichen.

Von dort aus fährt NF fort, die damit verbundenen Einschränkungen mit den Worten „[b]ut I should just stop now, we ain't got enough room in this song". Wie das Skript, dem der Rapper/die Rapperin folgt, veranschaulicht NF literarisch raffiniert die Thematik der Begrenzung und Limitierung. Die Grenzen und Begrenzungen, die durch diese Metapher des be-

5 Vgl. Rabenalt 2020, S. 308.

grenzten Raums hervorgehoben werden, sind vielschichtig und betreffen sowohl soziale Einschränkungen als auch formale Begrenzungen innerhalb des Rap-Genres. Die begrenzte Platzierung innerhalb des Songs verdeutlicht die Beschränkungen des Mediums: „I should just stop now, we ain't got enough room in this song". Die Zeilen verdeutlichen, wie dieser Raum der „Villa (mansion)" in gewisser Weise begrenzt und beengt ist. Die „walls" (Wände) innerhalb dieser Villa weisen einerseits auf die Grenzen des schriftlichen Ausdrucks hin. Andererseits könnte dies bedeuten, dass die schriftliche Form nicht immer ausreicht, um die genaue Intention der Gedanken auszudrücken. Die formale Einschränkung ergibt sich aus der begrenzten Länge des Liedes und damit der Schwierigkeit, alles auszudrücken, was die Persona, und explizit der Rapper/die Rapperin, möchte. Dies unterstreicht die Bedeutung der Schriftlichkeit als Mittel zur Sicherung von Gedanken und Gefühlen.

Gleichzeitig beziehen sich diese Grenzen auch auf die Intersubjektivität im Sinne der Nachvollziehbarkeit von Gedanken und Gefühlen für andere, im Gegensatz zu den vorherigen Überlegungen, die sich hauptsächlich auf das Subjekt bezogen. Dieser Aspekt wird in NFs Lyrics „[a]nd I regret watchin' these trust issues eat me alive" vertieft und reflektiert. Es wird betont, dass der Persona nicht blind vertraut werden kann, während sie spricht. Das gegenseitige Verständnis, das im Dialog notwendig ist, bleibt stets unvollständig. Dies wird durch die Metapher des „lebendigen Auffressens" verdeutlicht: Die Erkenntnis, dass die beabsichtigte Bedeutung niemals vollständig erreicht werden kann, frisst einen auf – es geschieht immer am lebendigen Leib oder eben am lebendigen (Wort)-Körper. Diese Zeile verdeutlicht, dass die Mündlichkeit nicht in der Lage ist, exakt das auszudrücken, was der Sprecher/die Sprecherin beabsichtigt.

Im Gegensatz dazu betont die Schrift, wie in den Zeilen „[c]ongratulations, you'll always have a room in my mind" gerappt, die Beständigkeit und Dauerhaftigkeit vom Gesprochenen. Das „you" weist zugleich auch auf das Bedürfnis nach Intersubjektivität hin, da die Persona offenbar die Absicht hat, die Inhalte ihres Geistes mit anderen zu teilen und ihnen einen festen Platz in seinem Denken einzuräumen. Die Schriftlichkeit ermöglicht es, diese Gedanken über die Zeit hinweg zu bewahren und anderen mitzuteilen. Die Verwendung der Metapher eines Raumes (room) in Verbindung mit der Schriftlichkeit betont gerade, dass schriftliche Ausdrucksformen die Fähigkeit besitzen, Gedanken in einem abgegrenzten und geschützten Raum aufzubewahren.

Die rhetorische Frage „[t]he question is, will I ever clean the walls off in time?" unterstreicht die Konzeption der Unmöglichkeit, die beschriebenen „Wände" zu säubern oder zu bereinigen. Dies deutet auf Derridas Konzept der Schrift als Träger von Bedeutung hin: Die „Wände" können nicht gereinigt werden, was darauf hindeutet, dass Ausdrücke niemals vollständig von ihren ursprünglichen Bedeutungen oder Konnotationen getrennt werden können (auch hier ist der Ausdruck ganz im Sinne Husserls). Die Formulierung „in time" betont nicht nur die Unmöglichkeit, die „Wände" rechtzeitig zu reinigen, sondern weist auch auf die Unaufhaltsamkeit des Schreibprozesses hin. Es verdeutlicht, dass das, was einmal geschrieben wurde, nicht rückgängig gemacht oder bereinigt werden kann. Somit bleiben diese Ausdrücke als eine Art Zitat oder Referenz bestehen, unabhängig von der Zeit und Kontexten. Daher kann die Schriftlichkeit als Mittel dienen, um eine gewisse Stabilität und Präsenz in der Kommunikation zu gewährleisten, da sie aufgezeichnet und überprüft werden kann, während die mündliche Performance anfälliger für Interpretationsunterschiede ist. Der Übergang von der rhetorischen Frage „[t]he question is, will I ever clean the walls off in time?" zum Chorus „[i]nsidious is blind inception" verstärkt diese Aussage des Problems der Stimme: Der Chorus betont die Täuschung durch das „blinde" oder nicht aufgezeichnete, was auf das Mündliche hindeutet. Dies markiert die ursprüngliche Präsenz der Zeichen in der Schrift und begründet ihre Bedeutung für etwas Unverfälschtes, etwas Reales.

Dies kommt in der neuen Strophe in „[s]o this part of my house, no one's been in it for years I built a safe room and I don't let no one in there" zur Sprache. Die Zeilen deuten darauf hin, dass dieser Raum seit Jahren für niemanden mehr zugänglich war und als eine Art „safe room" dient, in den die Persona niemanden hineinliess. Die Persona geht weiter zu „[c]ause if I do, there's a chance that they might disappear." In diesen Zeilen wird die Schwierigkeiten verdeutlicht, denen sich der/die Rapper*in konfrontiert ist: die Furcht davor, dass die Zuhörer*innen seine/ihre Botschaft möglicherweise nicht verstehen könnten, wenn er/sie sich verbal ausdrückt. Das „I do" fungiert hier als performativer Sprechakt und bezieht sich auf Austins Idee, dass das gesprochene Wort als symbolische Handlung eine Bedeutung oder Wirkung initiiert. Es verdeutlicht den Moment des Öffnens oder Ausdrucks durch das gesprochene Wort. Derrida kritisiert Austins performative Sprachtheorie, und diese Verwendung des performativen „I do" in NFs Text ist ebenfalls problematisch. Die Worte von NF verdeutlichen jedoch, dass die Offenbarung und Kommunikation der Bedeutung nicht immer vollständig kontrollierbar sind. Das „I do" kann als Ausdruck einer Absicht oder Verpflichtung interpretiert werden, allerdings ohne Garantie, dass die Botschaft beim Publikum wie beabsichtigt ankommt. Dies spiegelt Derridas Betonung der Unbestimmtheit in der Sprache wider, bei der die Bedeutung nie vollständig präsent ist.

Dies führt zur Entscheidung der Persona, sich abzuschotten, wie es in dem nachfolgenden Dreizeiler „I'm barricaded inside, so stop watchin'/I'm not coming to the door, so stop knockin', stop knockin'/I'm trapped here,

God keeps saying I'm not locked in" vermittelt wird. Die Anaphern in diesen drei Versen spielen eine gemeinsame Rolle, indem sie das Bild einer psychischen Isolation und des Gefangenseins in den eigenen Gedanken und Emotionen verdeutlichen. Gleichzeitig wird ein Augenreim zwischen „watchin'" und „knockin'" aufgebaut, der sich dann in einem Doppelreim mit „locked in" und dem Binnenreim der nächsten Zeile „lost in" fortsetzt. Dieser Reim mit den Anaphern betont die metaphorische Abschottung in seinem Raum voller schriftlicher Gedanken.

Die Lösung oder Erkenntnis der Persona wird in den Zeilen „I chose this, I am lost in my own conscience I know that shuttin' the world out ain't solvin' the problem" ausgedrückt. Die wiederholte Anapher „I" verstärkt die persönliche Verantwortung der Persona für diese Entscheidung, sich von der Welt abzuschotten. Metaphorisch wird gezeigt, wie seine Bedeutung im Bewusstsein (Kopf/mind) feststeht, während die Zuhörer*innen aufgrund des Problems der Stimme abgeschottet bleiben müssen, um eine mögliche Missinterpretation zu vermeiden.

Dies bestätigt sich in den folgenden Worten: „I didn't build this house because I thought it would solve 'em. I built it because I thought that it was safer in there". Die „Villa (mansion)" als Metapher für den geschlossenen Raum des Schreibens verdeutlicht, wie die schriftlichen Worte in einem sicheren Umfeld aufbewahrt werden, bevor sie in der mündlichen Performance präsentiert werden. Diese Leseart bestätigt sich in dem zweiten Pronomen „it" als Symbol für das Schriftliche selbst. Es hebt die Eigenständigkeit und Identität der geschriebenen Worte hervor. Die geschriebenen Worte werden in einem geschützten Raum bewahrt, sei es auf Papier oder in Gedanken, symbolisiert durch den „mind" mit „Wänden". Dies betont die Bedeutung der Schriftlichkeit als Medium zur Manifestation und Bearbeitung von Worten. Die Vorstellung, dass es im Schriftlichen sicherer ist, deutet auch auf Derridas Idee hin, dass die Schrift eine Art Rückzugsort ist, der es ermöglicht, Bedeutung zu bewahren, ohne den Unsicherheiten der gesprochenen Sprache ausgesetzt zu sein. Die „Villa (mansion)" als Metapher fängt diese Bedeutung auf subtile und kraftvolle Weise ein. Der Komparativ „safer" impliziert, dass es ausserhalb der schriftlichen Manifestation eine unsichere Situation gibt. Dies verdeutlicht die Bedeutung der Schriftlichkeit als Mittel der Sicherung von Bedeutung im Gegensatz zur Mündlichkeit.

In den Schlusszeilen rappt NF: „Fear came to my house years ago, I let him in". Hier wird die Idee vermittelt, dass die Angst als eine externer Faktor, als Emotion, in das Leben der Persona eingedrungen ist, und welche die Persona bewusst in ihr Leben eingelassen hat. Dieser Akt, dieser äusseren Entität Einlass zu gewähren, wird dann als Problem dargestellt: „Maybe that's the problem, ‚cause I've been dealing with this ever since." Die Angst hat sich in dem gedanklichen Raum niedergelassen, in der die Schrift ist: „He must picked a room and got comfortable and settled in". Dies verdeutlicht die Komplexität der Beziehung zwischen der schriftlichen und der mündlichen Kommunikation, da die äussere Entität nun eingenistet im schriftlichen Text ist. Die Persona steht nun vor einem Konflikt: „Now I'm in a position, it's either sit here and let ,em win." Der reine Endreim zwischen „settled in" (sich einnisten) und „let ,em win" (sie gewinnen lassen) verdeutlicht dies. Dies bedeutet, wie Butler erklärt, dass äussere Faktoren immer den performativen Akt beeinflussen (gewinnen).

Doch es gibt eine Alternative: „Or put him back outside where he came from, but I never can/Cause in order to do that, I'd have to open the doors." Hier wird angedeutet, dass die Persona die Angst nicht aus ihrem „mansion" (Geist) vertreiben kann, weil sie dafür die „Türen" zum Schriftlichen öffnen müsste, die sie jedoch aus schützenden Gründen „geschlossen" halten muss, um die schriftliche Präsenz und Bedeutung ihrer Worte zu bewahren. Diese Zeilen verdeutlichen die spannungsgeladene Natur des Konflikts zwischen Schriftlichkeit und Mündlichkeit. Wenn die Persona die Position einnimmt, dass sie nicht vollständig verstanden wird, gibt sie der Angst nach, da sie die Kommunikation und die Verbindung zu anderen gefährdet. Andererseits, wenn sie versucht, die Angst aus dem schriftlichen Raum zu verbannen, wählt sie die authentische Bedeutung der Zeichen, die sie vermitteln möchte, entscheidet sich dann aber für die Schrift. Der Konflikt der Persona wird in den abschliessenden Zeilen „Is that me or the fear talking? I don't know anymore" ausgedrückt.

Die Zeile „Is that me or the fear talking? I don't know anymore" knüpft intertextuell an Rimbauds Worte an: „C'est faux de dire: je pense. On devrait dire: on me pense. Je est un autre".[6] Dieses Diktum impliziert, dass das Subjekt sich beim Sprechen als ein Anderer wahrnimmt und eine Distanz zum bewussten Selbst besteht und wirft damit die Frage nach der Souveränität des Subjekts auf. Dieses Dilemma der Sprache wird von Rimbaud als Krise des Individuums interpretiert.[7] Dies reflektiert die Idee, dass das Selbst nicht immer die alleinige Quelle des Sprechens ist, sondern von externen und internen Einflüssen geprägt wird. Butlers Konzept, das besagt, dass Identitäten im performativen Akt durch äussere Faktoren geformt werden, wird hier aufgegriffen. Diese Referenz zu Rimbaud unterstreicht die Fragmentierung der Identität, indem sie darauf hinweist, dass das Ich beim Sprechen von äusseren Einflüssen geprägt wird. Mit der halboffenen Frage und dem Appell an die Hörer*innen endet der Rap und bringt damit das zentrale Thema auf den Punkt. Erstens die Erkenntnis, dass die Stimme in ihrer Dop-

6 Übers.: Es ist falsch zu sagen: ich denke. Man müsste sagen: es denkt mich. Ich ist ein anderer. Rimbaud 1997, S. 367f.

7 Vgl. Rimbaud 1997, S. 367f.

pelnatur anfällig für Mehrdeutigkeiten ist, da sie sowohl das Subjekt als auch den Empfänger umfasst. Zweitens, dass die Schrift eine Möglichkeit bietet, diese Problematik zu überwinden, ohne die Mehrdeutigkeiten und Einflüsse auf die ausgesprochene Stimme.

Auf einer Metaebene funktioniert dieser geschriebene Text selbst als Allegorie: Die Verwendung des Titels *Mansion* macht dies deutlich. Dieser Rap-Text steht allegorisch für die Villa (mansion), das die Zeichen zwischen den Abschnitten oder Zeilen umschliesst und gleichzeitig als physisches Werk im kulturellen Gedächtnis verankert ist. Der Song erinnert so daran, dass das Schreiben eine Möglichkeit bietet, Gedanken und Bedeutungen festzuhalten, ohne die Mehrdeutigkeiten und Unklarheiten der gesprochenen Stimme.

Yasiin Bey – Love[8]

Wie bei NF kommt auch bei Yasin Beys *Love* im ersten Refrain der Prozess des Schreibens zum Ausdruck. Dabei werden die ersten drei Phasen der Rhetorik eingeleitet: „I start to think and then I sink. Into the paper, like I was ink." Die Persona denkt über das zu Sagende nach (inventio), und das disposito und die elocution zeigen sich im Vergleich des Versinkens. Durch den dreifachen Reim von „think", „sink" (als Binnenreim und Homophone) und mit „ink" (im Endreim) werden diese drei Phasen der Rhetorik stilistisch verbunden. Durch dieses rhetorische Stilmittel des Vergleichs (mit like), verschmilzt die Persona durch den Akt des Niederschreibens mit dem Geschriebenen. Dies verdeutlicht die Verbindung des Rappers/der Rapperin mit dem Akt des Schreibens im Text. Die Wortwahl und die stilistischen Entscheidungen im Text spiegeln den Prozess des Nachdenkens, Versinkens in Gedanken und Schreiben in einer kreativen und bildhaften Weise wider.

Die Zeile „[w]hen I am writing, I am trapped in between the lines" verdeutlicht diese Beziehung zwischen dem Schreiben und der Performanz. In dieser Phase der elocutio fühlt sich die Persona bei der Aufzeichnung ihrer Gedanken wie in einem Gefängnis. Die Vorstellung der Gefangenschaft zwischen den Zeilen verweist auf die Einschränkungen des Schreibprozesses – sobald die Worte auf dem Papier stehen, sind sie fixiert und haben eine gewisse Endgültigkeit. Dies impliziert eine reflektierte Wortwahl seitens der Persona, um ihre Gedanken, Ideen und Botschaften in Sätze zu verpacken. Die Worte auf dem Papier werden damit zu einem Skript für die zukünftige mündliche Performance. Dabei wird die Persona durch die individuellen Grenzen, die sie sich selbst setzt, in der Bestimmung der Worte, der Zeichen

8 Vgl. Yasiin Bey 1999.

und damit der Bedeutung des Geschriebenen eingeschränkt. Damit einher illustriert die Metapher des Gefangenseins zweierlei Grenzen des Schreibens: individuell und formell. Erstens wird der Rapper/die Rapperin mit jeder Zeile, die er/sie auf das Papier schreibt, sowohl durch die vorherige Zeile als auch durch das Papier begrenzt. Zweitens erfährt sie durch die Auswahl der Worte eine individuelle Begrenzung. Die Grenze kann aber auch aus einer dritten Perspektive interpretiert werden. Betrachtet man die Situation aus dem Blickwinkel von Butlers Theorie des performativen Akts, könnte die Grenzerfahrung der Persona auf die Einschränkungen durch kulturelle Normen und gesellschaftliche Erwartungen hindeuten. Die dargestellte Thematik führt dazu, dass die Persona erst ausbrechen kann, wenn der Reim vollständig aufgeschrieben ist, wie in der Zeile „I escape, when I finish the rhyme" ausgedrückt wird. Diese Freiheit kann nur erreicht werden, wenn die Übertragung der Bedeutung durch das geschriebene Wort erfolgt. Dies steht im Gegensatz zu der Ungewissheit oder dem Problem der Stimme im mündlichen Ausdruck, wo die Bedeutung nicht präzise und verankert ist. Diese Interpretation unterstützt die Idee, dass die Existenz eines vorherigen schriftlichen Textes eine Voraussetzung für den mündlichen Akt ist. Dies wird durch den unreinen Reim zwischen den „lines" (Zeilen) und „rhyme" (Reim) noch unterstrichen. Yasiin Bey wiederholt diese Zeilen später im Text, beendet jedoch beim zweiten Mal bei „I escape, when I finish," ohne das Wort „rhyme" hinzuzufügen, was auf das Fertigstellen (finish) nicht nur dieses Reims, sondern der gesamten Zeile und dem gesamten Song hinweist. Infolgedessen zeigt sich, dass die Rapper*innen beim Schreiben buchstäblich „zwischen den Zeilen" gefangen sind und dass dieser Schaffensprozess in die Phase der memoria übergeht, in der sie sich an den fertig geschriebenen Text erinnern, der erst dann in der actio/pronuntiatio zugänglich gemacht wird.

Yasiin Bey verknüpft diese Thematik des schriftlichen Verfassens mit den Worten „[m]y pop said he was in love when he made me" ein. Hierbei wird vom Vater (pop) mündlich überliefert, dass die Persona Ergebnis einer Liebesbeziehung ist. Im Kontext der Schriftlichkeit lässt sich dieser Ausdruck als Metapher dafür lesen, wie kreative Werke, wie Raptexte, aus einer Art „Liebe" für das Schreiben und die Kunst hervorgehen. Der Vater wird hier symbolisch als Ursprung oder Quelle der Inspiration dargestellt, ähnlich wie die Popmusik (Pop) eine Inspirationsquelle für viele Künstler*innen ist. Das Wort „pop" weist nun eine doppelte Bedeutung auf, die sowohl auf den Vater (pop) als auch auf die Popmusik/populäre Musik (Pop) hinweisen kann. Gleichzeitig wird die Idee vorgestellt, dass der kreative Prozess den Künstler/die Künstlerin selbst formt und beeinflusst. Die Persona wird durch ihre Kunst „gemacht" (made), was darauf hinweist, dass der Akt des Schreibens nicht nur eine schriftliche Manifestation der Gedanken ist, sondern das Gesagte eine Form der Selbstgestaltung und

Identitätsbildung darstellt. Dies geht wiederum auf Butlers Performanz Begriff zurück. Die Verwendung von dem Homonym „pop" unterstreicht die Bedeutung der Phase der elocutio im kreativen Schreibprozess, bei der Worte und Ausdrücke bewusst gewählt werden, um bestimmte Wirkungen zu erzielen und Bedeutungen zu vertiefen.

Dies zeigt sich erneut in der Zeile „[t]hought about it for a second wasn't hard to see". In dieser Zeile reflektiert die Persona über die Klarheit in Bezug auf das, was ihr Vater zu ihr gesagt hat. Die Verwendung des Verbs „dachte" (thought) zeigt, dass es einen inneren Denkprozess gibt, der hier stattfindet. Dies kann als Metapher für eine erste Phase im Prozess des Schreibens, wie als Gedankenblitze, die inspirieren, interpretiert werden. Die Phrase „wasn't hard to see" (war nicht schwer zu sehen) deutet in diesem Zusammenhang auf die Verständlichkeit der schriftlichen Kommunikation hin. Diese schriftliche Sicherung wird durch das Verb „sehen" verstärkt – die Schriftlichkeit trägt eine Form von Sichtbarkeit und Beständigkeit in sich. Im Gegensatz dazu weisen die folgenden Zeilen, „I could hear he was sincere" auf die mündliche Kommunikation hin, betont durch das Verb „hear", womit die Übermittlung der Informationen auditiv verstanden wird. Dabei wird nun vom Zuhörenden (hier die Persona) erwartet, eine Einschätzung über die Ehrlichkeit des Vaters zu machen. Die ist jedoch subjektiv und entspricht möglicherweise nicht unbedingt der tatsächlichen Realität oder Intention des Vaters. Dies wird durch den reflexiven Charakter des „gemacht werdens (made)" aus der vorherigen Zeile verstärkt. Diese Reflexivität betont nicht nur die Handlung selbst, sondern auch die passive Erfahrung und die Auswirkungen auf das Subjekt, was die Subjektivität der Wahrnehmung unterstreicht.

Dieses „gemacht werdens (made)" und „hören" (hear) wird dann in der nächsten Zeile wieder aufgenommen: „The entire affair's probably charged with emotion/When love call your heart I guess you got to pursue." Die „affair" übernimmt die Bedeutung einer mit Komplikationen verbundenen Angelegenheit[9] als eine metaphorische Darstellung der Volatilität und Flüchtigkeit der mündlichen Kommunikation, bei der das gesprochene Wort schwer zu fassen und zu übermitteln ist. Die Tatsache, dass die Persona Schwierigkeiten hat, ihre Bedeutung zu vermitteln, und dass es für den anderen unmöglich ist, sie zu verstehen, unterstreicht die problematische Natur der Stimme, auf die Derrida hingewiesen hat. Der Verweis auf eine „Affäre" in dieser Zeile verweist nicht nur auf die Unzuverlässigkeit der mündlichen Kommunikation, sondern auch auf die Gefahr der Beeinflussung der Kommunikation durch den Kontext, in diesem Fall die Liebe. Hier ergibt sich ein ähnliches Bild wie bei NF mit der Emotion Angst. Die Erwähnung der Liebe

9 „Affäre", in: DWDS.

in der Zeile – „[w]hen love call your heart I guess you got to pursue" – betont die Liebe als eine starke Emotion, die das Verhalten und die Entscheidungen eines Menschen beeinflusst und zu einer Affäre verleitet. Doch wie lässt man sich nicht durch das Problem dieser mündlichen Affäre beeinflussen? Derridas Lösung dafür bietet die schriftliche Kommunikation. Durch die Schrift kann der Ausdruck von Gedanken in eine Form gebracht werden, die nicht von der Flüchtigkeit der gesprochenen Worte beeinträchtigt wird.

Bey greift dies geschickt in der nächsten Zeile auf, indem er auf ein indexikalisches Zeichen der schriftlichen Manifestation par excellence hinweist, nämlich die Geburtsdatierung: „12-11-73, my life is testament". Indem Bey sein Geburtsdatum nennt, zeigt er auf ein scheinbar festes, indexikalisches Zeichen, das auf einen bestimmten Punkt in der Zeit verweist und diese Information zu fixieren – er signiert damit auch sein eigenes Werk.[10] Dies erinnert an Derridas Idee der Schriftlichkeit, in der die Schrift als Medium betrachtet wird, das die Unbeständigkeit und Instabilität gesprochener Worte überwindet.

Die Bedeutung des geschriebenen Wortes als Medium betont Bey in der Zeile „[p]raise the beneficent, element that breath/Devoid in the form that make love manifest". Das Wort „praise" deutet auf eine Art Lob oder Verehrung hin, die dem geschriebenen Wort als Medium der Kommunikation zuteilwird. Die Erwähnung des „element that breath" weist auf die Lebenskraft des geschriebenen Wortes hin. Die Idee, dass die Schrift „atmet" und somit lebendig ist, verdeutlicht die Dauerhaftigkeit von schriftlich festgehaltenen Gedanken. Die Schrift selbst ist „ohne die Form, die die Liebe manifestiert" (Devoid in the form that make love manifest) – sie ist unbeeinflusst durch die Emotion der Liebe. In anderen Worten: Sobald diese Texte in mündlicher Kommunikation übermittelt werden, kommen verschiedene Faktoren, wie die Liebe, ins Spiel. Die Art und Weise, wie etwas gesagt wird, der emotionale Zustand des Sprechenden und des Zuhörenden sowie der Kontext, in dem die Worte ausgesprochen werden, spielen eine entscheidende Rolle bei der Wahrnehmung und Interpretation. Dies unterstreicht die Komplexität der Kommunikation und wie die Bedeutung von Texten in verschiedenen Kontexten und bei mündlicher Übermittlung vom Subjekt wie auch vom Zuhörer/der Zuhörerin aufgenommen wird. Dabei ist es gerade die Schrift, die diese Fixierung der Bedeutung ermöglicht.

Dies zeigt Bey erneut an einem praktischen Beispiel in seinen Lyrics, indem er auf seine eigene Kindheit in den Roosevelt Projects verweist: „I spent my early years in Roosevelt Projects". Betrachtet man die Biografie von Yasiin Bey, so erfährt man, dass er an der Ecke Dekalb und Lewis Avenues in Bronx

10 Vgl. Nöth 2016, S. 197.

New York, aufgewachsen ist.[11] Ort und Zeit sind in den geschriebenen Text eingebettet, um sie zu bewahren und ihnen Bedeutung zu verleihen, und nur durch das sorgfältige Lesen der Lyrics können diese Bedeutungen erkannt werden. Dies kommt in den folgenden Worten selbst zum Ausdruck. In diesen Zeilen blickt die Persona zurück auf das Jahr 1983 und die Bedeutung von Vendy C, der als Gastgeber der Radiosendung „Rap Attack" fungierte. „Rap Attack" gilt als eine der ersten kommerziell ausgerichteten Hip-Hop-Radiosendungen, die auf dem Gemeinschaftsradio WHBI ausgestrahlt wurde.[12] Die Persona repetiert die folgenden Worte „I listened to the Rap Attack and held the radio close" und verweist damit auf die mündliche Übertragung von Rap. Die Persona erinnert sich daran, wie die Radiosendung „Rap Attack" gehört wird. Zugleich verweisen die Worte darauf, dass das Radio in der Nähe des Zuhörers/der Zuhörerin gehalten werden muss und thematisieren so wiederum das Problem von Derridas Stimme: die Unmöglichkeit einer präzisen Vermittlung. Die wiederholte Handlung, das Radio nah zu halten, verdeutlicht, dass der Prozess des Verstehens nicht immer reibungslos verläuft. Auf diese Weise hebt die Metapher die Komplexität der Kommunikation hervor. Der Zuhörer/die Zuhörerin versucht, die Botschaft so präzise wie möglich zu erfassen, aber die Distanz zwischen dem/der Sprechenden und dem/der Zuhörenden kann nie vollständig überbrückt werden.

Dieser Übergang der Schrift zum mündlichen Performen drückt die Persona in den Worten „[t]his is far before the days of high glamour and pose" aus. Im Endreim von „close" (held the radio close, siehe weiter oben) und „pose" kommt zum Ausdruck, dass durch die Aufführung keine zuverlässige Übertragung erzeugt wird – es ist gerade ein Posen. Der Endreim bringt hervor, dass die Suche nach Nähe, sei es zum Radio für einen besseren Empfang oder zur klaren Kommunikation, durch eine inszenierte Haltung oder Pose beeinträchtigt wird. Im Kontext von Butlers Konzept der Performativität verweisen die Worte auf die Materialisierung von Möglichkeiten. Äussere Faktoren oder Haltungen beeinflussen die Zeichen in der mündlichen Kommunikation bei der Pose. Identität ist nicht etwas, das wir angeboren haben, sondern etwas, das wir durch wiederholte Aufführungen und Darstellungen immer wieder neu konstruieren.

Die Persona erläutert dies in der Zeile „[a]iyo, power from the streetlight". Bey nutzt dafür das Symbol des Lichts, welches als eines der universellsten und grundlegendsten Symbole gilt und die Bedeutung als Quelle schöpferischer Kraft, Erleuchtung, Reinheit und Wissen repräsentiert.[13] Einerseits verweist Bey mit der Strassenlampe darauf, dass das Licht als Energiequelle

11 Vgl. Morris 2017.

12 Vgl. Klaess 2022, S. 32-33.

13 „Light", in: Symbolismproject University Michigan.

für den kreativen Prozess eine Rolle spielt – es verleiht Power. Andererseits nutzt Bey das Licht als Metapher in der Funktion einer Antithese – das Licht führt zur Dunkelheit: „Power from a street light made the place dark". Das Licht der Strassenlampe fungiert wie ein Bühnenlicht, aber statt zu erleuchten, verdunkelt es. Die Zeile verweist dann auf das Problem der Stimme: Zeichen in bestimmten Kontexten oder Diskursen im performativen Akt haben eine mehrdeutige und unpräzise Bedeutung – das Symbol Licht, das für geistige Klarheit, Wissen und Erkenntnis steht, entpuppt sich als Dunkelheit.[14] Dies verweist wiederum auf Butlers Idee, dass der Körper ein fortgesetztes Materialisieren von Möglichkeiten ist, bei der die Identität nicht fest, sondern situativ und durch Handlungen konstruiert wird. Ähnlich wie das Licht einer Strassenlaterne, das eigentlich Klarheit bringen sollte, aber Dunkelheit schafft, kann auch die Identität einer Person in verschiedenen Situationen trügerisch sein. Dies hat zur Konsequenz, dass der vermeintlich kontrollierbare (damit trügerische) Sprechakt, als Trugbild, oder wie Krämer als „Phantasma" erläutert, entlarvt wird: scheinbar spontane Darbietungen sind in Wirklichkeit präzise geplant. Dieses Konzept der fingierte Inszenierung verweist auf Derridas und auch Butlers Idee der Mehrdeutigkeit und Unmöglichkeit eines vollständig kontrollierten Sprechakts. Zugleich ist die Zeile ein Zitat der Rappergruppe South Bronx. Das Konzept der Iteration von Derrida und auch von Butler kommt also gleichsam wieder ins Spiel – ein Zurückgreifen auf Intertexte als Teil künstlerischer Schöpfung, was bestätigt, dass vor der performativen Äusserung auf ein bereits festgelegtes Skript zurückgegriffen wurde. Beide Aspekte werden in den Lyrics verdeutlicht, wenn die Persona rappt: „I know a few understand what I'm talking about". Die Formulierung, dass nur wenige ihre Intention verstehen, illustriert die Fähigkeit von Yasiin Bey, in seinem Text über die Persona eine fingierte Performativität zu erzeugen. Er vermittelt für die meisten glaubwürdig, als würde er seine Gedanken und Emotionen in einer spontanen und persönlichen Art und Weise teilen, obwohl er die Wirklichkeit alles sorgfältig plant und damit die Realität wörtlich verdunkelt.

Das Konzept, das sich durch den Parallelismus „[i]t was love for the thing that made me wanna stay out" und „[i]t was love for the thing that made me stay in the house" manifestiert, veranschaulicht die Doppelnatur der Absichten der Persona. Die anfängliche Verszeile betont die Intention, eine äusserlich ausgerichtete Bühnenperformance zu präsentieren. Die Verwendung des Ausdrucks „wanna (wollen) stay out" hebt den subjektiven Charakter dieses Wunsches hervor. Im Kontrast dazu bleibt in der parallelen zweiten Zeile das „wanna" unerwähnt und es wird „made me stay in the house" präsentiert. Diese Abwesenheit des Ausdrucks „wanna" in der zweiten Zeile

14 Ebd.

deutet auf eine vorher festgelegte und im Hintergrund getroffene Entscheidung hin, die auf eine sorgfältige Planung und Vorbereitung im Haus hindeutet, welche dann für die Performance (beim Hinausgehen) ermöglicht.

In den folgenden Versen „[s]pending time, writin rhymes. Tryin to find words that describe the vibe. That's inside the space" wird das Haus als symbolischer Raum für den Schreibprozess verwendet, ähnlich wie es auch bei NF der Fall ist. Der Raum (space), der als Metapher für diesen Schreibprozess dient, wird als Ort des kreativen Schaffens dargestellt, in dem der Raum (space) als Metapher bereit ist, mit den auszudrückenden Worten (rhymes) gefüllt zu werden. Der Raum mit leerem Inhalt (space) als Medium für die schriftliche Manifestation zeigt sich direkt in dem Wort beschreiben (describe). Dies verdeutlicht, dass der Raum durch das Füllen von Schrift im Nachhinein überhaupt beschrieben (describe) werden kann. In diesen Versen werden die ersten drei Phasen des Schreibprozesses, die inventio, disposito und elocutio, betont. Die Persona beschreibt den Prozess, Worte zu finden, die die Stimmung oder Atmosphäre (vibe) angemessen ausdrücken (describe) können. Dieser Prozess setzt voraus, dass man sich die entsprechenden Wörter für die Aufführung merkt, was als Phase der memoria bezeichnet wird. Das Gedächtnis spielt eine entscheidende Rolle dabei, die passenden Worte auszuwählen und sie dann in einer adäquaten Weise zu artikulieren. Das Bild „[w]hen you close your eyes and screw your face" veranschaulicht diese physische Reaktion des Erinnerns und des geistigen Suchens nach den richtigen Worten. Das Schliessen der Augen symbolisiert die Konzentration auf das Erinnern. Der verkniffene Gesichtsausdruck verdeutlicht die Anstrengung und den Fokus, der mit dem Akt des Erinnerns und des Findens der richtigen Worte einhergeht.

Die Zeile „[t]o make me nod my head in reverence should I visit this place and remember it?" bringt diese Metapher der Schriftlichkeit als Erinnerungskonstruktion zum Ausdruck. Die bildhafte Darstellung in dieser Zeile impliziert, dass der besagte Ort nicht in seiner physischen Realität betrachtet wird, sondern in einem übertragenen Sinn andächtig (reverence) aufgesucht wird, um sich an ihn zu erinnern (remember). Die Verwendung des Begriffs „Andacht" leitet sich vom mittelhochdeutschen Begriff „andâht " ab, was „an etwas denken" bedeutet.[15] Hier wird das Erinnern zu einer Art Versunkenheit, bei der das Individuum in die Vergangenheit zurückdenkt. Dort in dieser Vergangenheit setzt die Persona nun ein landmark: „Or build landmarks here as evidence?" Das Wort „landmark" bedeutet Landesmarke oder Wahrzeichen, was auf ein physisches Objekt hinweist, das verwendet wird, um Grenzen zu markieren oder den Weg zu weisen.[16] Diese Verwen-

15 „Andacht", in: DWDS.

16 „Landmark", in: Oxford Dictionary.

dung des Begriffs Wahrzeichen ist insofern bemerkenswert, als er aufzeigt, dass die Konstruktion von Zeichen den Worten erst den Status einer wahren Bedeutung oder Präsenz verleiht – also wörtlich ein Wahr(es-)Zeichen. Die Konstruktion eines „landmarks" verdeutlicht weiterhin die Idee, dass die schriftlichen Aufzeichnungen als Orientierungshilfe und Wegweiser dienen, um Erinnerungen festzuhalten und Bedeutung zu schaffen. Der Endreim von „reverence" mit den nachfolgenden Zeilen „rememberence" und „evidence" betont diese Verbindung: Es handelt sich um eine ehrfürchtige Erinnerung und den Beweis eines Zeichens. Der Rap wäre die vorgängige Verschriftlichung der aufgeführten Worte, die erst dadurch eine Bedeutung erhalten und als präsentes und wahres Zeichen (Wahrzeichen) erkannt werden können.

Derridas Idee der Präsenz in der Schrift steht im Zusammenhang mit der Erzeugung dieser Zeichen des Rappers/der Rapperin, wie sie in „[n]ighttime, spirit shook my temperament. To write rhymes that portray this sentiment" zum Ausdruck kommt. Die Zeile betont den inneren Antrieb der Persona, die den kreativen Impuls zum Schreiben von Texten, insbesondere Reimen, hervorruft. Der Begriff „spirit" findet seine Übersetzung in Geist oder Seele[17] und stammt aus dem lateinischen „spiritus" für Verstand, Lebensgeist, Atem oder Hauch.[18] Als Bedeutung von Geist als der Verstand, referiert die Zeile darauf, dass die Persona ihre Gefühle (sentiment) nur durch den Geist ausdrücken kann. Es ist wiederum eine Manifestation der Zeichen im Verstand (wie bei NF die Lyrics im mind entstehen). Als Lebensgeist und Atem verweist der Begriff auch auf diese innere Kraft hin, die sie antreibt und ihr künstlerisches Schaffen prägt und beeinflusst. Interessant ist, dass im deutschen Sprachgebrauch der Begriff „Geist" ebenfalls die Bedeutung im Sinne von „Grundhaltung einer bestimmten Sache/Zeit" trägt.[19] Diese Bedeutung weist darauf hin, dass der Künstler/die Künstlerin von äusseren Einflüssen geprägt wird und das Konzept der Iteration in diesem Prozess eine Rolle spielt. Dies kommt durch das Wort Temperament zum Ausdruck, als „Charaktereigenschaft" aber auch „Verhaltensweise des Menschen, die in der Auseinandersetzung mit der Umwelt ihre erkennbare Ausbildung erhält."[20] Ob nun durch den inneren oder äusseren Geist, der Rapper/die Rapperin kann ihre/seine Gefühle (sentiment) nur durch den Geist ausdrücken. Die Wahl der „nighttime" als inspirierende Zeit wird im Kontext der Literatur der Romantik erläutert, in der die Nacht metaphorisch

17 „Spirit", in: DWDS.

18 „Spiritus", in: Duden.

19 „Spirit", in: Duden.

20 „Temperament", in: DWDS.

als geistiges Prinzip oder Inspirationsbereich betrachtet wird.[21] So steht die Nacht metaphorisch für einen Projektionsraum unerschöpflicher Fantasie. Die Beziehung zwischen diesen Begriffen deutet darauf hin, dass die Nacht als Leinwand für den Ausdruck des Geistes dient, auf der Introspektion und kreative Inspiration gedeihen. Der Endreim zwischen „temperament" und „sentiment" hebt dies hervor. Die Worte „shook my temperament" verdeutlichen die Intensität dieser Emotionen, die den Künstler/die Künstlerin dazu antreiben, seine Gedanken und Gefühle in schriftlicher Form, insbesondere in Reimen, auszudrücken.

In den anschliessenden Zeilen „[w]e live the now for the promise of the infinite. And we believe in the promise" wird die Konzeptualisierung des kreativen Prozesses in einen grösseren zeitlichen und metaphysischen Rahmen gestellt. Derridas Konzept der Schrift und Butlers Theorie des performativen Akts helfen, die Idee in dieser Zeile zu erfassen. Die Raps des Rappers sollten nicht nur im Moment existieren, sondern, um Bedeutung und Identität über die Zeit hinaus zu schaffen. Dies wird im Refrain „I got love, l-o-v-e and I be. Love, l-o-v-e to emcee" weitergeführt. Dabei eröffnet das ausgeschriebene Wort „emcee" für MC, was als Synonym für den Rapper/die Rapperin steht interessante Bedeutungsebenen. Die Zeilen bezieht sich auf die Idee, dass die Verwendung des ausgeschriebenen „emcee" im Text die Rolle als Künstler*in innerhalb des Textes deklariert, die als kulturelles Zeugnis über die Zeit bestehen bleibt. Das ausgeschriebene „emcee" ist eine bewusste Entscheidung, da es den Begriff visuell länger macht und die Aufmerksamkeit auf die Rolle des MC im Rap lenkt. Es betont die Bedeutung des Begriffs, indem es ihn explizit darstellt. Zugleich zielt es darauf ab, den Begriff als eigenständiges Element zu etablieren, das über die normale Abkürzung hinausgeht, was die Identitätsbildung unterstreicht. Dies zeigt sich, indem die Persona „love" empfängt, „love" ist und „love" als MC praktiziert. Hier kommt Butlers Performativität zum Ausdruck. Die Persona betont, dass ihre mündlichen Auftritte und Performanzen als MC eine aktive Konstruktion ihrer Identität darstellen. Wenn sie auf der Bühne auftritt, verkörpert sie die Rolle eines MC und schafft somit ihre Identität immer wieder neu.

Die gleiche Thematik findet sich auch in dem Wortspiel von Bey zu seinem früheren Künstlernamen Mos Def in den Worten „M-O-S D-E-Finitely".[22] Er bezieht sich durch die intertextuelle Bezugnahme in seinem Werk auf sich selbst, und zwar in der Schrift. Sein Künstlername Acronym verschmilzt mit dem Wort „definitively" auf dem Papier. Indem er schreibt, sichert er seine Identität für die Ewigkeit, was in dem Wort „finit" zu le-

21 Vgl. Leopoldseder 1973, S. 43-45.

22 Vgl. Kamola and el-Malik 2017, S. 212.

sen ist. Aber mündlich würde man nur „most definitively" hören können. Nur durch diese schriftliche Auseinandersetzung mit den Worten „M-O-S D-E-Finitely" kann die Bedeutung gelesen werden.

Der dreifache Parallelismus im nächsten Refrain „check it out, y'all," „feel me out, y'all," und „hear me out, y'all" verdeutlichen diese Dringlichkeit der schriftlichen Fixierung im kreativen Prozess des Rappers/der Rapperin. Diese Aufforderungen sprechen verschiedene Sinnesmodalitäten an, indem die Persona das Publikum auffordern, „zuzuhören," „zu fühlen" und „zu prüfen". Dies unterstreicht die vielfältigen Möglichkeiten, mit denen der Künstler/die Künstlerin seine/ihre Botschaft vermitteln will: visuell, auf emotionaler und schliesslich auf auditiver Ebene – in dieser Reihenfolge. Zuerst wird das Publikum aufgefordert, etwas zu „checken," was visuell geschieht. Dann folgt die Aufforderung, „feel me out", was das Verstehen der gecheckten Worte generiert. Schliesslich wird das Publikum aufgefordert, „hear me out", was die auditive Wahrnehmung anspricht und darauf hinweist, dass die mündliche Präsentation als letztes nach dem schriftlichen verstehen erfolgt. Die Bedeutung der Schrift erstreckt sich über das Schreibhandwerk hinaus und ist von entscheidender Bedeutung für das Verständnis von mündlicher Kommunikation. Das Gesprochene allein ist unbeständig und unpräzise zu erfassen, wenn es nicht auf einer schriftlichen Grundlage basiert. Die Wahl der Formulierung „check it out" betont die Bedeutung des Textes als Mittel zur Überprüfung. Im Gegensatz zur gesprochenen Stimme, fällt das Gesprochene und das Gesagte zeitlich zusammen, da sie gleichzeitig vom Subjekt erlebt werden. Im Gegensatz dazu ermöglicht die Schriftform eine räumliche Trennung zwischen dem Subjekt und dem Geschriebenen und dem Leser/der Leserin, wodurch die schriftliche Bedeutung fixiert wird.

In den Worten „[c]ontemplate the essence of beats, rhymes and livin'" wird erneut auf die Bedeutung der Schrift hingewiesen. „Contemplate" kommt aus dem Lateinischen „contemplare" und bedeutet „to look at (a person or thing) attentively; to observe; to gaze at; to survey"[23] und verweist damit auf die Tatsache, dass die Eigenschaften der Reime nur durch Kontemplation erkennt werden können. Dies wird in den darauffolgenden Wörter in „[e]ars and eyes keep in good time with the rhythm" bestätigt: Das Verstehen der zentralen Eigenschaften (essence) von Reimen und Beats kann nicht allein durch die auditive Wahrnehmung (Hören/ears) erfolgen, sondern es müssen die visuellen Sinne (Sehen/eyes) aktiviert werden, um die Bedeutung zu erfassen. Die Gestaltung des Textes wird durch die Formulierung „designed with the rhythm" und durch den identischen Reim auf die nächste Zeile „rhythm" unterstrichen.

23 „Contemplate", in: OED.

Dass diese Lyrics gerade eine gestalterische Komponente beinhalten, vermittelt die Zeile „we ancient like the abacus". Das Bild des „Abakus" als antikes Rechengerät unterstreicht die Idee der Wurzeln, als etwas Materielles, das erstens physisch für das Grundwissen der Mathematik verwendet wird.[24] Zweitens dient es allein durch seine physische Präsenz als Grundlage für die Adaption zu etwas Neuem. Somit steht dieser metaphorisch für die schriftliche Manifestation solcher „ancient" Künstler. So ergibt sich, dass die „ancient" Künstler*innen nicht nur als mündliche Performer*innen, sondern gerade als Textschöpfer betrachtet werden müssen, um ihr Erbe zu bewahren und weiterzugeben. Diese Vorstellung, dass die „ancient" Künstler*innen die Grundlage schaffen, auf der andere Künstler*innen wachsen können, wird durch die Worte „[a]fter us, I see most proceed to be trees/Sprouting leaves, givin' breeze to the we who believe" verdeutlicht. Das Bild der Bäume und des Blättersprossens personifiziert die Nachkommen, sei es Leser*in, Zuhörer*in oder Künstler*in, als Bäume, die wachsen. Die schriftliche Form und die Werke der „ancient" Künstler*innen dienen als Nährboden, auf dem die Bäume gedeihen und erst Wind (breeze), also Adaptionen, erzeugen können. Gerade durch die Polysemie des Wortes Blatt, das nicht nur als pflanzliches Blatt eines Baumes, sondern auch als Blatt Papier verstanden wird, wird der Bezug zur Schrift direkt hergestellt und deutlich gemacht. Die geschriebenen Texte des Rap werden als Grundlage für eine weitere Konstruktion vorausgesetzt. Dies bestätigt sich im Diskurs, indem die Persona sich selbst als Rapper*in identifiziert: „I MC, which means I must cultivate the earth". Die Metapher des Künstlers/der Künstlerin als Pflüger*in, der/die die Erde kultiviert, verdeutlicht, wie der Rapper/die Rapperin durch seine/ihre Arbeit den Boden vorbereitet und den Nachkommen etwas hinterlässt, auf dem diese aufbauen können. Diese Schrift als Original wird durch die folgende Zeile hervorgehoben: „Straight back, straight facts, heartbeats and hard work". Die Schrift geht geradlinig, der Spur folgend, zurück zum Ursprung, wo die unmittelbare Wahrheit (fact) der Bedeutung liegt. Mit den Homophonen „heart" und „hard" wird diese Tatsache der schriftlichen Sinnbestätigung gegenüber der mündlichen hervorgehoben – nur im schriftlichen Konsultieren kann die Bedeutung des Wortes bestätigt werden. Darüber hinaus bezieht sich harte Arbeit auf die Bemühungen der Rapper*innen, Botschaften schriftlich zu formulieren und sie als Rap präzise auszudrücken. Das Wort „heartbeat" steht im metaphorischen Kontext für etwas, das pulsiert oder lebendig ist, wie der Kern oder die Essenz von etwas. In diesem Fall entweder des Künstlers/der Künstlerin, als innerer Antrieb für die harte Arbeit; oder es steht für den Kern/die Wahrheit (fact) des geschriebenen Zeichens. Die-

24 „Abakus", in: DWDS.

ses gesamte Bild spricht wiederum die Idee von Zitat/Intertext/Iteration an – etwas bereits Vorhandenes wird aufgegriffen.

In den folgenden Zeilen verlagert Bey den Schwerpunkt des naturbezogenen Bildes auf das Thema der Musik – mit demselben Thema des Künstlers/der Künstlerin als Schöpfer*in. Die Persona bezieht sich auf sich selbst als den „funky Drummer," der die Aufgabe hat, die harte Erde zu erweichen/kultivieren. Bey nutzt dabei den Vergleich aus dem bekannten Sample aus James Browns *Funky Drummer*. Damit zeigt Bey nicht nur metaphorische Konzepte, um die herausragende Rolle des Schreibens als eine Schlüsselkomponente seiner künstlerischen Praxis zu veranschaulichen, sondern demonstriert diese Bedeutung auch auf eine praktische Weise – er ist der „funky Drummer," der ein musikalisches Zitat als ein aktives Element in seinen Texten einsetzt. Dieser zitatähnliche Charakter stellt Bey in einen breiteren Diskurs: „From Restoration to Fort Greene". Die Verwendung der Begriffe „Restoration" und „Fort Greene" im Text verdeutlicht metaphorisch den kreativen Prozess des Rappens, der auf der schriftlichen Grundlage beruhen muss, um Bedeutung zu generieren. Der Begriff „Restoration" bezieht sich auf die Wiederherstellung eines alten Zustandes und wird hier symbolisch verwendet, um den Prozess des Rappens darzustellen.[25] Dieser Prozess erfordert die schriftliche Fixierung, um eine fundierte Grundlage zu schaffen, auf der die künstlerische Entwicklung stattfinden kann. „Fort Greene" dient als konkretes Beispiel für eine Restauration, da diese Stadt von einer Festung zu einem Stadtpark in Brooklyn umgewandelt wurde.[26] Das Ergebnis dieser Transformation wird als „uptown to Boogie-down" beschrieben, wobei das neue „uptown" Viertel Fort Greene mit der Bronx verschmilzt, die nach offiziellem Name „Boogie-down" genannt wird.[27] Die Bronx ist die Geburtsstätte des Hip-Hop und so verweist die Zeile zum Ursprung des Raps zurück. Dies wird mit dem intertextuellen Bezug zur Hip-Hop-Rappergruppe „Boogie down Bronx" unterstrichen. Diese Verwendung von Metaphern und konkreten Beispielen zeigt, wie Bey in seinen Texten nicht nur abstrakte Konzepte einführt, sondern sie auch in praktische und historische Kontexte einbettet. Dies spiegelt Derridas Konzept der Iteration wider, das die Schrift als Voraussetzung für die Weiterentwicklung voraussetzt (sei es schriftlich oder performativ). Wie Derrida in seiner dekonstruktiven Lektüre lädt die Persona die Zuhörenden/Lesenden mit dem Satz „just look around" ein, diese Zusammenhänge in ihrer Umgebung zu erkennen und zu reflektieren. Dies zeigt Bey in einem Parallelisms: „I'm reaching a height that you said cannot be" und „I'm bringing a light which you said we can't see".

25 „Restauration", in: Duden.

26 Lasky 2019.

27 Megrejo 2017.

Die „Höhe" (height) verweist auf den Gipfel des künstlerischen Schaffens oder das erreichte Niveau im Rap, während das „Licht" (light) gerade die Wahrheit, tiefe Bedeutung oder Intention des schriftlichen Zeichens im Rap darstellt. Die Worte „just look around" und „I'm bringing a light" zeigen die aktive Rolle des Künstlers/der Künstlerin beim Vermitteln und Enthüllen dieser Worte in seinem/ihrem Werk. Der Rap als Poesie betont durch „which you said we can't see" seine verborgenen Tiefen und verdeutlicht, dass man erst bei genauerem Hinsehen die wahre Absicht hinter den Worten erkennen kann, die auf den ersten Blick, oder in der Mündlichkeit, verborgen bleibt.

Die folgenden Zeilen setzen die metaphorische Darstellung von schriftlicher Kunst und Performance fort. Die erste Zeile „[s]aw the new day comin', it look just like me" deutet darauf hin, dass die Persona diese Veränderung als eine Reflexion ihrer selbst wahrnimmt. Die zweite Zeile „sun bursts through the clouds, my photo ID" nutzt die Sonne metaphorisch, um gerade diese neue Adaption zu visualisieren. Der Endreim von „look just like me" und „my photo ID" unterstreicht das Konzept der Identität und suggeriert, dass das kreative Schaffen eine Darstellung dessen ist, was der Künstler/die Künstlerin im Kern ist. So wie ein Fotoausweis dazu dient, die Identität einer Person festzustellen, wird das Werk des Künstlers/der Künstlerin zu einem Zeugnis seines/ihres Wesens und seiner/ihrer Präsenz. Somit verbinden sich hier Derridas Konzepte der schriftlichen Manifestation und Zeichenpräsenz, mit Butlers Konzept der performativen Identität, wonach die Identität eines Individuums durch wiederholte Handlungen und Performanzen auf einem vorhandenen Skript aufgebaut wird.

Ganz zum Schluss wird dieser Prozess noch einmal direkt angesprochen: „From end to beginning? true and livin. Every changing, it was a state of magnificent. Building it now for the promise of the infinite". Diese Worte betonen die Rückkehr zur ursprünglichen schriftlichen Manifestation (end to beginning) und wie dort die wahre, lebendige (true and livin) Essenz ruht. Es wird auch darauf hingewiesen, dass aus diesem ursprünglichen Kern fortlaufende Veränderungen entstehen, die wie ein kontinuierlicher Aufbau unendliche Möglichkeiten eröffnen (every changing). Dadurch wird die Schrift als Versprechen für unendliche Entwicklungen und Potenziale betrachtet (promise of the infinite). Die Schrift dient als Grundlage, um Bedeutung und Identität über die Zeit hinweg aufzubauen und zu bewahren. Die Umkehrung der Reihenfolge von „vom Ende zum Anfang" unterstreicht, dass das Schaffen zielgerichtet ist, d. h. eine Endgültigkeit ausdrückt. So wie ein Wahrzeichen (landmark) den Weg weist, gibt die schriftliche Fixierung der Kunst dem/der Hörenden einen festen Punkt der Orientierung und ermöglicht es, die Präsenz des Künstlers/der Künstlerin zu erleben und zu verstehen. Bey schliesst den Text mit dem Outro „check it out, y'all ab und thematisiert damit symbolisch die Bedeutung der schriftlichen Fixierung – des Wahren und Lebendigen (true and livin). Dies spiegelt die These wider, dass das Publikum genau diese Rolle des Schreibens überprüfen sollte.

Kool Savas – Immer wenn ich Rhyme[28]

In der Zeile „[m]y-my-my-my mic check is life or death" aus Kool Savas' *Immer wenn ich Rhyme* wird die komplexe Beziehung zwischen Mündlichkeit und Schriftlichkeit im Rap verdeutlicht. Eine interessante Nuance beim auditiven Konsum dieser Zeile besteht darin, dass über die Wiederholung des Wortes „mic" eine phonetische Ähnlichkeit mit dem Wort „my" entsteht, sodass die beiden Wörter akustisch miteinander verschmelzen. Diese Verschmelzung der Wörter beim Hören des Liedes macht die schriftliche Konsultation, d. h. das Lesen des Textes zur Bestätigung der Bedeutung, besonders relevant – die Schrift ist erforderlich, um die Verbindung Differenz der Bedeutung der zu entschlüsseln. Dieser Gedanke spiegelt sich in der Zeile wider, dass die Voraussetzung des Gesagten durch einen „mic check" überprüft werden muss, wie die Persona rappt. Indem die Persona den „mic check" erwähnt, betont sie indirekt die Bedeutung der schriftlichen Vorbereitung – um einen Check zu mache, muss das Gesagte bereits existieren. Der Künstler/die Künstlerin bedient sich somit bei dem Rappen einer Art schriftlichem Skript, wie Butler darlegt.

Die Vielfachheit der Wiederholung des Begriffs „my" im Raptext weist jedoch nicht nur auf die schriftliche Gestaltung der Zeile selbst durch dieses rhetorische Stilmittel hin. Vielmehr verweist sie auf eine tiefere Bedeutung der Wiederholung, nämlich dass Wiederholung niemals eine identische Wiederkehr des Gleichen bedeutet. Diese Idee, dass das Wiederholte niemals identisch ist, kann in Bezug auf Butlers Konzept der Performativität betrachtet werden, dass performative Handlungen zu einem fortlaufenden Prozess der Neuschöpfung und Neuinterpretation führen. In dieser Weise verdeutlicht die Verschmelzung des Begriffs „my" mit „mic" die Bedeutung des Mikrofons als eine Erweiterung des Künstlers/der Künstlerin selbst und als integralen Bestandteil seiner/ihrer Identität. Es trägt dazu bei, seine/ihre kreative Ausdrucksweise zu vermitteln – und zwar bei jeder Iteration auf eine neue Weise. In dieser Auffassung von Wiederholung als etwas, das sich in seiner Bedeutung verändert, taucht das Problem der Stimme Derridas auf. Die Bedeutung wird den Hörer/die Hörerin durch die mündlichen Zeichen niemals in der gleichen Weise erreichen, wie sie vom Sprecher/von der Sprecherin initiiert wurde. Um dem zu entgehen, so Derrida, wird das Geschrie-

28 Vgl. Kool Savas 2010.

bene vorausgesetzt. Die Schrift bestimmt also die Bedeutung der Zeichen, oder wie die Persona wörtlich rappt: „Über Leben und Tod". Diese Phrase trägt die Bedeutung „ums Überleben"[29] in sich und unterstreicht damit die Flüchtigkeit der mündlichen Darbietung im Vergleich zur Dauerhaftigkeit der schriftlichen Aufzeichnungen. Jedes Wort bezieht sich immer auf das vorher Geschriebene und seine Bedeutung (Zitatcharakter), und so entstehen die Reime selbst, wie es in der Zeile „for every rhyme I write" zum Ausdruck kommt.

Diese aufgeschriebenen Reime werden nun mit der Redewendung „twenty-five to life" verknüpft. „Twenty-five to life" ist eine Wendung im Kontext des amerikanischen Strafrechtssystems und bezieht sich auf eine Verurteilung zu einer Haftstrafe, entweder 25 Jahre oder lebenslange Haft.[30] Durch das „to life" bekommt der Reim eine gerade lebenslängliche Bedeutung, als eine lebenslange Freiheitsstrafe. Diese Phrase ist zugleich ein Intertext und verweist auf Eminems Song *25 to Life*. Durch die intertextuelle Referenz zu Eminem bringt Savas die Zitierhaftigkeit ins Spiel. Jedes geschriebene oder gesprochene Wort ist in gewisser Weise bereits ein Zitat oder eine Referenz auf andere Worte und Texte. Und auch diese bleiben wiederum lebenslänglich manifestiert.

Die Persona erläutert dann mit dem repetitiven Verses „Immer, wenn ich rhyme", dass diese schriftliche Erfassung ihrer Reime die Welt stehen lässt und sie weder Raum noch Zeit spürt: „Steht die Welt kurz still und ich spür' weder Raum noch Zeit". Diese Aussage reflektiert das Verhältnis zwischen der Flüchtigkeit von Aufführungen, wie von Fischer-Lichte betont, und hebt die Zeitlosigkeit der Schriftlichkeit hervor. Rap als performative, stimmliche Aufführung ist stark durch den Moment geprägt, während die schriftliche Aufzeichnung eine dauerhafte Spur schafft, die Raum und Zeit überdauert und symbolisch die Welt „stillsteht" lässt. Dies wird durch die mantraartige Aussage „denn immer, wenn ich rhyme" unterstrichen. Der kausale Zusammenhang durch das Wort „denn" unterstreicht die Rolle des Schreibens mit der des Reimes.

Demselben rhetorischen Stilmittel bedient sich Savas im folgenden Enjambement von „denn immer, wenn ich rhyme" zu „fällt die Last von mir und ich fühl' mich auf einmal frei". Durch das Reimen wird die Persona von einer Last befreit. Wie schon bei Yasiin Bey mit „I escape, when I finish the rhyme" ist die Persona erst frei, wenn sie die Worte aufschreibt, da die Bedeutung, die sie in sich trägt, von ihr abfällt und sie ihre Bedeutung der Zeichen aus Papier sichert. Dasselbe Stilmittel wird bei der Verwendung von „denn" in „denn dieser Stift hier weist den Weg/Und trägt mich täglich ein

29 „Auf Leben und Tod", in: DWDS.

30 „25 to life", in: Urban dictionary.

Stück näher" eingesetzt. Die Zeile betont die Idee, dass der Schreibprozess eine bewusste Lenkung und Entwicklung durch die schriftliche Fixierung darstellt. Der „Stift" wird metaphorisch als Wegweiser verwendet, der den Künstler/die Künstlerin auf seinem kreativen Pfad leitet.

Dies wird in folgender Strophe weiter thematisiert: „Lass' ich mich fallen, wie in ein smoothes Sofa". Das Stilmittel der Inversion des Verbs und Subjekts in dieser Zeile („lass' ich mich fallen" statt „ich lasse mich fallen") betont die Handlung des „Fallens". Dies wird verstärkt durch die Apokope des Verbes „lassen" zu „lass". Das Subjekt „ich" tritt in den Hintergrund, oder fällt eben, „wie in ein smoothes Sofa". Der Vergleich mit dem geschmeidig auf das Sofa fallenlassen, erzeugt das Bild einer entspannten, fliessenden Bewegung. Die Verwendung der Alliteration -s in den Worten „smoothes Sofa" erzeugt ein „s"-Geräusch, das eine fliessende Klangmelodie vermittelt und den Eindruck von fliessender Bewegung und Mühelosigkeit verstärkt. Die Inversion und die Alliteration betonen, dass das Schreiben eine Handlung ist, die auf geschmeidige natürliche Weise geschieht, sobald sich der Künstler/die Künstlerin darauf einlässt und wie es ihn in einen Zustand der fliessenden Kreativität versetzt, der Raum und Zeit überwindet. Damit spiegelt die Metapher „smoothe Sofa" die Idee wider, dass die schriftliche Form des Rap ein Medium ist, in dem der Künstler/die Künstlerin über die Wahl der rhetorischen Stilmittel und der Syntax bewusst entscheidet. Darüber hinaus verdeutlicht die Verwendung des Anglizismus die Individualität des Künstlers/der Künstlerin. Die Integration solcher Begriffe aus anderen Sprachen zeigt nicht nur künstlerische Freiheit, sondern betont die Fähigkeit, Sprache und Ausdrucksmittel bewusst zu wählen, um eine bestimmte Wirkung zu erzielen.

In den folgenden Zeilen thematisiert Savas diese tiefe Bedeutung von Rap, die über oberflächliche Assoziationen hinausgeht. Die Persona setzt Rap bewusst in Kontrast zu „Disco" und einem „alten 2Pac-Poster," um zu betonen, dass Rap für sie mehr ist als nur eine vergängliche Form der Unterhaltung oder das Image eines bestimmten Künstlers 2Pac. Das „alte 2Pac-Poster" dient hier als Symbol für die nostalgische Verehrung des ikonischen Rappers Tupac Shakur. Die bewusste Verwendung des Künstlernamens „2Pac" anstelle von „Tupac" zeigt eine subtile und versteckte Art der Kommunikation im Text. Dies erfordert ein gewisses Mass an Hintergrundwissen über den Künstler Tupac, um die Bedeutung der Zeile zu verstehen. Das „Poster" wird als Metapher für eine zusammengesetzte Schriftcollage verwendet, was bedeutet, dass die Schrift im Rap sorgfältig durchdacht und dann aus bereits Vorhandenem zusammengesetzt wird (wie Zitate). Die Verbindung mit der Referenz zu 2Pac, einer bereits etablierten kulturellen Figur, verstärkt dies. Im Sinne Derridas, schafft die Anspielung auf Tupac eine intertextuelle Beziehung zwischen vorhandenen Bedeutungselementen (Tupac als Symbol für tiefgründigen Rap und soziale Botschaften) und ihrer Neuzusammensetzung. Dies erweitert die Semantik und unterstreicht die Idee, dass Rap mehr ist als oberflächliche Unterhaltung, sondern ein Medium für die Sicherung dieser Bedeutungen, wie ein Poster/Collage. Diese Thematik von profunder Bedeutung, adressiert die Persona in einem Appell an die Hörer*innen: „Ihr rappt Scheisse". Aber sie rappt keinen Scheiss, sondern präsentiert sich als jemand, der die Worte sorgfältig und kunstvoll einsetzt und den Hörer/die Hörerin auffordert, darüber nachzudenken.

Die folgende Zeile „Ich dagegen guck'n Wholecar, verstehste?" setzt diese Idee der intertextuellen Beziehung und Neuzusammensetzung von Bedeutungselementen fort. Hier verwendet Savas die Metapher eines „wholecar", als die Arbeit eines Graffiti-Künstlers/Künstlerin, der/die einen Zugwaggon von vorne bis hinten, von oben bis unten bemalt.[31] Mit dieser Metapher vermittelt Savas, dass seine Raptexte ähnlich aufwendig und detailliert sind wie ein „wholecar" in Graffiti. In Bezug auf Derridas Theorie illustriert diese Zeile ebenfalls die Zitierhaftigkeit. Savas nimmt Elemente aus der Hip-Hop-Kultur (wholecar) und verknüpft sie mit seiner eigenen Kunstform (dem Rap), um eine erweiterte Semantik zu schaffen. Die Verwendung von „wholecar" als Metapher für die „Erschaffung" und die Betonung der poetischen Dimension des Rappens verdeutlichen, dass es dem Künstler/der Künstlerin nicht nur um oberflächliche Reime oder Worte geht, sondern um die tiefere Bedeutung. Die Bezugnahme auf das „gucken" und die Anrede an den Zuhörer/die Zuhörerin, dies zu verstehen, zeigt, dass Savas die Bedeutung und Tiefe seiner Texte betont und dass diese wie Graffiti als „Bedeutungsträger" betrachtet werden sollten. Dies verdeutlicht die Bedeutung der schriftlichen Fixierung im Rap und die Notwendigkeit, tiefer in die Texte einzutauchen, um ihre Bedeutung zu erfassen.

In den Enjambement zur Zeile „[k]ann ich atmen, ohne Rap, ich stell's mir hart vor" manifestiert sich diese fundamentale Bedeutung des Schreibens im Kontext des Rap. Diese Metapher des Reimens, die mit dem Akt des Atmens verglichen wird, illustriert die essenzielle Natur des Schreibens für den Rapper/die Rapperin. Nicht nur wird das Schreiben hier als ein kreativer Akt dargestellt, sondern vielmehr als eine existenzielle Notwendigkeit. Diese Betonung der Immanenz des geschriebenen Wortes wird in der nachfolgenden Zeile „[i]ch schreib' es hin, wenn ich mir Luft mache, wie ein Ventilator" weiter untermauert. In diesen Versen wird der Prozess des Schreibens mit einem Ventilator verglichen, der der Persona die Luft zum Atmen gibt. Die Verknüpfung zwischen dem Akt des „Schreibens" und der Wendung „Luft machen" verweist auf die Unverzichtbarkeit des gesprochenen Wortes, das Luft braucht, um sich zu artikulieren. Nur die Luft ermöglicht es dem

31 „Wholecar", in: Urban dictionary.

Künstler/der Künstlerin, seine/ihre Reime und Botschaften niederzuschreiben, und damit sein eigenes Überleben und das der Schriftzeichen.

Dieser Gedanke wird im weiteren Verlauf des Textes in der Zeile „es reinigt mich von innen und es dient als Sprachrohr" direkt ausgedrückt. Die Verwendung des Pronomens „es" das sich auf das vorangegangene Rappen/Schreiben bezieht, unterstreicht die Schrift als eigenständiges Medium, das die Bedeutung überdauert und transportiert. Die Schrift dient somit als „Sprachrohr", das dazu dient, die Bedeutung weiterzugeben – direkt vom Rapper/von der Rapperin an den Hörer/die Hörerin. Durch das Medium des Sprachrohrs (bzw. der Schrift) wird das Problem der Stimme umgangen und der Rapper/die Rapperin kann von innen heraus gereinigt werden, da seine beabsichtigte Bedeutung nun direkt an den Hörer/die Hörerin übermittelt wird.

In der folgenden Zeile „meine Artform, verstehst du?" wendet sich die Persona an das Publikum und durchbricht damit die vierte Wand. Damit lenkt sie die Aufmerksamkeit des Publikums auf diesen Begriff Artform, der sich wiederum auf seine Form (also die schriftlichen Worte) als Kunstform bezieht. In Artform selbst kommt das Wort „Form" vor, das etymologisch auf eine mit Grenzen definierte Darstellung als eine „künstlerische Komposition" zurückgeht.[32] Die Verknüpfung der Worte „meine Artform" mit der folgenden Zeile „[i]mmer, wenn ich rhyme hab' ich etwas, woran ich mich festhalte/Ich vergesse die Welt wie ‚ne gelöschte Festplatte" unterstreicht die Bedeutung der Schriftlichkeit im Rap. Die Verwendung des Ausdrucks „mich festhalten" unterstreicht, dass diese Artform, also die Schrift im Rap, eine Möglichkeit ist, Bedeutungen festzuhalten, ähnlich wie das Speichern von Daten auf einer Festplatte. Dieses Etwas, das also schon da sein muss, um festgehalten zu werden, wird dann durch das Wort „Festplatte" pointiert, als ein Medium, das etwas festhält und auf das man zurückgreifen kann. Die Festplatte wird hier metaphorisch als ein Medium für das Gedächtnis und die Speicherung von Bedeutung verwendet. Die Zeile „[v]ergessen der Welt wie eine gelöschte Festplatte" im Raptext spiegelt das komplexe Verhältnis von Schrift und Vergessen wider und zeigt, dass diese beiden Phänomene untrennbar miteinander verbunden sind. Hier zeigt sich die Phase der memoria. Durch den unreinen Reim (mit identischer Komponente fest-) der Worte „festhalten" und „Festplatte" wird das schriftlich Verfasste, an dem man sich festhalten kann, noch verstärkt. Das Schreiben im Rap schafft gerade die Möglichkeit, eine Bedeutung zu sichern, die sonst verloren gehen würde – und zwar „weltweit", für immer.

Die Schrift als Art der Festplatte wird im Folgenden aufgenommen und mit der Performance verbunden: „Ich schlage Schneisen in die Lichtung für

32 „Art-form", in Online etymology dictionary.

die Morgensonne/Mit dem Mic". Einerseits symbolisiert die Zeile den Moment, in dem die Persona das Mikrofon ergreift und ihre Raplyrics vorträgt, was sie zu einer lebendigen und unmittelbaren Performance macht. Andererseits kann dieser Ausdruck auch als Metapher für die bereits vorhandenen schriftlichen Zeichen in Form von Zitaten im Raptext verstanden werden: das Schneiden einer Lichtung setzt einen dichten Wald voraus. Die Lichtung wird nämlich definiert als eine „von Bäumen freie Stelle im Wald".[33] Als Metapher bedeutet dies, dass es einen geschriebenen Wald von Texten (Textwald) geben muss – nur bei dichten Bäumen kann mit dem Mikrofon eine Lichtung geschlagen werden. Erst durch das Schaffen dieser Schneisen entsteht die freie Lichtung, durch welche die „Morgensonne" scheinen kann. Das Schriftliche ist somit die Voraussetzung für die Performanz, in diesem Fall die „Morgensonne".

Das Schriftliche als Voraussetzung wird in dem abschliessenden „Ich hab alles hier/Ein Stift, ein Blatt Papier, verstehste?" verstärkt. Dieser Vorrang des Schriftlichen vor dem Mündlichen wird erneut in einer Leben-Todes-Metapher verdeutlicht und wiederum mit einem direkten Appell an die Zuhörerschaft versehen. Die Zeilen „[s]chreib' ich mir von der Seele, was auf meinem Herzen liegt," und „denn die Schlinge sitzt zu fest um meine Kehle'" verdeutlichen, dass die Persona in einer Situation ist, in der sie gezwungen ist, ihre Gedanken schriftlich auszudrücken. Durch das „denn" impliziert die Persona, dass es die ungeschriebene Äusserung ist, die ihr den Atem/das Leben nehmen. Hier zeigt sich das Problem der Stimme, indem das Mündliche die intendierte Bedeutung niemals präzise übermitteln kann, sondern aufgeschrieben werden muss. Derridas Behebung dieses Problem zeigt sich nun darin, dass das Schreiben als (Luft)Ventil dient, um das Bedeutende zu kommunizieren. Es unterstreicht auch die kathartische Funktion des Schreibens, bei der das Festhalten von Gedanken auf dem Papier eine Art Befreiung darstellen kann – auch eine Freiheit im Sinne der Wahl der Worte.

Dies etabliert sich in den folgenden Worten „[h]ab für manche Krisen einen Vers geschrieben" und „10 Alben, ich hab immer noch einen Berg von ihnen". Die Metapher des „Bergs von Alben" verdeutlicht nicht nur die Menge, also das Resultat des Schaffens der Persona, sondern auch den Prozess. Hier wird auch der Gedanke des „Bauens" hervorgehoben, bei dem das Schreiben von Reimen zu Versen, Versen zu Songs und Songs zu Alben führt. Dies kommt in dem folgenden Endreim mit den Worten „Vers geschrieben" und „Berg von ihnen" stilistisch zum Ausdruck.

Die poetische Komponente in Kool Savas' Lyrics werden in der Zeile „[d]och bau' den Berg ab, mit der Hoffnung, die mein Hammer ist. Der Stift wird mein Meissel sein" besonders deutlich herausgearbeitet. In dieser Zeile wird

33 „Lichtung", in Duden.

die Vorstellung eines „Bergs“ als Metapher für eine Fülle von Zeichen verwendet, die poetisch abgebaut werden, um eine spezifische Bedeutung herauszumeisseln. Die Redewendung „Stein für Stein fällt von meinem Herzen“ verdeutlicht, dass dieser Prozess der Reduktion dazu dient, die Essenz oder die Bedeutungskern herauszuarbeiten. Auf der Metaebene des Rappers Savas spiegelt dieser Prozess Derridas Konzept der dekonstruktiven Methode wider: festgelegte Konzepte und Bedeutungen werden durch das Lesen dekonstruiert, um ihre Komplexität und Mehrdeutigkeit aufzudecken. Die Verwendung des „Hammers“ als Symbol für Hoffnung und den „Stift“ als Meissel betont die Rolle des Schreibens und der schriftlichen Fixierung in diesem Prozess. Der Rapper/die Rapperin nutzt diese Werkzeuge, um die Zeichen zu bearbeiten und zu strukturieren, ähnlich wie bei der dekonstruktiven Methode, bei der die Bedeutungen der Zeichen durch das Lesen reflektiert werden.

In den angeführten Zeilen „Gefühle brechen aus, ich finde einen Beat/ Der mein Gefühl versteht und sprech‘ mich aus“ wird die komplexe Beziehung zwischen memoria, actio/pronuntiatio und dem mündlichen Auftritt im Kontext des Rap hervorgehoben. Die memoria, das Gedächtnis, bewahrt die Zeichen, welche als Voraussetzung für die actio/pronuntiatio und den performativen Akt dient. Hier wird argumentiert, dass das Aussprechen der Texte allein nicht ausreicht, um die beabsichtigte Bedeutung zu vermitteln. Diese Idee zeigt sich darin, dass das Gesagte nur vom Beat verstanden werden kann. Wenn die Persona mündlich rappt, kollabiert das Gesagte mit sich selbst im Beat. So kann nur der Beat verstehen, was gemeint ist, wobei sich das Bezeichnete durch den Beat in eine neue Differenz verwandelt und in einer anderen Bedeutung wieder bei dem Hörer/der Hörerin ankommt, wie Derrida erläutert. Die Zeile kann aber auch vice versa interpretiert werden. Es handelt sich um einen Beat, der überhaupt die Gefühle der Persona versteht und durch welchen sie erst Sprechen kann. In Bezug auf die Wiederholung und Neuinterpretation in Butlers Theorie der performativen Handlungen führt der Einfluss der Emotionen auf den Beat zu einer „Materialisierung von Möglichkeiten“, als konstante Neuschöpfung. In diesem Kontext wird das Problem der Stimme besonders relevant, wie Savas gerade im Wort „aussprechen“ hervorhebt, da sie einer Vielzahl von Interpretationen und Gefühlen ausgesetzt ist und nicht in der Lage ist, die beabsichtigte Bedeutung zu vermitteln.

In den Zeilen „[i]n Hypnose text‘ ich auf‘n Blatt Papier, nächtlich auf/ Wacht am 4, mächtig laut, das ist, wie ich ticke, Bruder“ wird dies weiter veranschaulicht. Besonders signifikant ist die bewusst platzierte Zäsur zwischen den Wörtern „auf“ und „wacht“, die eine differenzierte Interpretation ermöglicht. Auf der einen Seite kann „auf“ zurück zum Wort „texten“ als „auftexen“ und somit als Akt der schriftlichen Fixierung verstanden werden, was die Bedeutung der schriftlichen Ausdrucksform im Rap unterstreicht. Auf der anderen Seite führt das Enjambement zu einem nahtlosen Übergang zur nächsten Zeile, in der das „Aufwachen" aus dem hypnotischen Schreibprozess beschrieben wird. Das „Aufwachen" symbolisiert den Übergang von der introspektiven Schreibphase zur mündlichen Performance, von der Phase der memoria zur actio/pronuntiatio. Dies impliziert, dass die schriftliche Fixierung vor dem Aufwachen stattgefunden hat. Die Persona erwacht aus dem Zustand des Schreibens und tritt in eine laute und mächtige Phase über, was auf die Performance des Rap hinweist. Die Verwendung des Wortes „mächtig laut" betont die auditive Dimension der Performance und zielt darauf ab, die Aufmerksamkeit der Hörer*innen auf das Aufwachen zu lenken. Dabei verweist „mächtig laut" nicht nur auf den auditiven Aspekt hin, sondern deutet auf den „mächtigen lauten" Einfluss der mündlichen Stimme auf die Zuhörer*innen. Sie ist so vielen inneren und äusseren Faktoren ausgeliefert, dass sie sich eben mächtig laut äussert, oder dadurch mächtig über den Laut ist. Dies zeigt das Paradox der Stimme im mündlichen Vortrag, im Gegensatz zur Schrift.

Dies wird im zweiten Teil in „das ist, wie ich ticke, Bruder" unterstrichen. Die Definition von „wie ich ticke" bedeutet „denken und handeln", wie auch „begreifen" und „verstehen".[34] In diesem Zusammenhang bezieht sich die Zeile auf den Schreibprozess des Künstler/der Künstlerin: Mit der inventio beginnt er/sie zu „denken" und erste Ideen entwickeln. Durch das Aufschreiben und die Ausarbeitung (dispositio, elocutio) werden diese Gedanken in „Handlungen" umgesetzt. Dadurch kann das Geschriebene „begriffen" und „verstanden" werden. Das metaphorische Element des „Tickens wird genutzt, um den schriftlichen Prozess zu unterstreichen. Ähnlich dem regelmässigen, gleichmässigen Ticken einer Uhr, wird durch diese Metapher eine Art chronologische Abfolge oder Struktur des Schreibprozesses angedeutet. Die Verbindung des „Tickens" mit der Aussage „in Hypnose text ich nächtlichen auf" und dem „Aufwachen" in der vorherigen Zeile deutet darauf hin, dass der Schreibprozess der Künstler*innen in einem hypnoseähnlichen Zustand und in der Nacht stattfindet. Daraus muss man aufwachen, um in den Tag zu performen.

Dabei wird der Zuhörer/die Zuhörerin direkt mit der Apostrophe „Bruder" angesprochen. Die Anrede betont die Interaktion zwischen dem Künstler/der Künstlerin und seinem Publikum. Das Wort „mächtig laut" erfüllt dabei die wichtige Funktion einer metaphorischen Brücke, die die Grenzen zwischen dem Akt des „Auftextens" auf dem Blatt Papier einerseits, und dem anschliessenden mündlichen Vortrag ans Publikum, andererseits: „(Immer, wenn ich rhyme)/Und wenn ich spitte". Spitten wird entweder als Synonym

34 „Ticken", in: Duden.

von rappen verwendet oder auch explizit für die Technik im Rap, bei der bestimmte Reime verwendet werden, also das mündliche Performen.[35] Gerade durch das Wort „spitting" wird deutlich, dass Rapsongs auf Reimen basieren, welche erst geschrieben werden, um sie dann performativ vorzutragen.

In den folgenden Worten bringt Savas diese präzise Begriffswahl zum Ausdruck, die den Akt des „spitten" im Rap begleitet. In der Zeile „[w]enn ich spitte, dann blute ich aus" vergleicht die Persona diesen Vorgang metaphorisch mit dem „bluten" ihrer Wunde. Das „Ausbluten" wird in diesem Kontext als ein symbolischer Akt verstanden, der weit über das physische Bluten hinausgeht. Es repräsentiert die vollständige Freisetzung dieser präzisen und profunden Bedeutung. Mit dem Konditionalsatz „[w]enn ich spitte, dann blute ich aus", wird die Vorstellung erreicht, dass das Blut beim Schreiben auf das Papier fliesst. Die Worte, die sie auf das Papier bringt, sind nicht nur Worte, sondern ein Teil von ihr selbst, der durch das „Ausbluten" auf das Papier übertragen wird. Durch die körperliche Manifestation seiner/ihrer Zeichen mittels Blut auf dem Papier erreicht der Künstler/die Künstlerin eine höchst präzise Bedeutung der Zeichen. Diese Form des Ausdrucks, die auf einer so körperlichen Ebene verankert ist, schafft ein schriftliches Blutsiegel für das Publikum. Im Sinne Derridas zeigt sich hier die Überwindung des Problems der Stimme durch das schriftliche (Blut)siegel.

In der letzten Strophe wird das geschriebene Wort noch einmal in den Mittelpunkt gerückt: „Tauch' ich Worte in Farbe, feuer' sie raus in ‚ner Fontäne/Erweck' ich Blätter zum Leben, Stifte zum Sprechen". Die Vorstellung, Worte in Farbe zu tauchen und sie in einer Fontäne zu feuern, veranschaulicht die transformative Kraft der Schrift. Das Schreiben wird als eine Art alchemistischer Prozess dargestellt, bei dem Worte in etwas Neues verwandelt werden. Wenn die Worte „in Farbe getaucht" werden, bedeutet dies, dass sie durch den Einsatz von Blut (aus der vorherigen Zeile) als Tinte auf das Papier geschrieben werden. Dies verdeutlicht die Verbindung zwischen dem Akt des Schreibens und dem physischen Medium, auf dem die Worte festgehalten werden.

Dies wird durch die Zeile „[e]rweck' ich Blätter zum Leben, Stifte zum Sprechen" unterstrichen. Die Personifizierung von Schreibmaterialien in der Zeile verleiht den Schreibutensilien eine menschenähnliche Qualität. Die Blätter werden zum Leben erweckt, was darauf hinweist, dass sie die Bedeutungen des Künstlers/der Künstlerin tragen und weitergeben – die Blätter werden so zu aktiven Akteuren. Die Stifte werden personifiziert, indem ihnen die Fähigkeit zu sprechen zugeschrieben wird. Hier thematisiert die Zeile gerade die Voraussetzung der Schrift. Die Stifte sprechen metaphorisch die Bedeutung des Rappers/der Rapperin auf und erwecken mit

35 Vgl. Wolbring 2015, S. 324.

der Bedeutung die Blätter zum Leben. Das schriftliche Festhalten verleiht den Worten eine dauerhafte Präsenz und ermöglicht es, die künstlerische Existenz zu sichern.

Dies thematisiert die Persona weiter in den folgenden Worten „[i]ch wär nix ohne Rap/Und ich weiss, ob ihr es wollt oder nicht, ihr merkt es". In diesem Kontext fungiert die Aussage als Appell und weist auf die passive Natur des auditiven Prozesses hin. Das Ohr hört zu und nimmt die Worte auf, unabhängig davon, ob die Rezipient*innen es bewusst wünschen oder nicht. Dies betont das Paradox der Stimme: Die Stimme kann nicht vollständig kontrolliert oder fixiert werden, was zu Ambiguitäten und Interpretationsmöglichkeiten führt. Das Schriftliche hingegen erlaubt eine genauere Fixierung und Kontrolle der Worte, was das Problem der Stimme umgeht.

Die Betonung der schriftlichen Fixierung und Kontrolle der Worte im Gegensatz zur mündlichen Kommunikation wird durch die Zeile „[f]ood for thought, anstatt ‚n leeren Teller kriegt ihr" unterstrichen. Diese Passage verdeutlicht, dass die Texte von Savas keine bedeutungslosen Leerstellen aufweisen, sondern bewusst mit Bedeutung (food) gefüllt sind. Die Metapher „[f]ood for thought" (Denkanstösse) impliziert, dass die Texte des Künstlers/der Künstlerin dazu dienen, Gedanken und Reflexionen anzuregen. Im Gegensatz zu einem „leeren Teller", der auf Bedeutungslosigkeit hinweisen würde, sind seine Texte in der Lage, Bedeutung und Denkanstösse (food for thought) zu liefern. Dies betont erneut die Präzision und Kontrolle, die das Schriftliche im Rap ermöglicht. In den folgenden Zeilen, in denen die Persona sagt: „Immer, wenn ich rhyme, hört ein and'rer damit auf und lässt es," wird das Problem der Stimme und der zeitlichen Begrenztheit der mündlichen Äusserung weiter thematisiert. Derrida betont die Flüchtigkeit der Stimme im Vergleich zur Schrift und wie die Stimme im Moment des Sprechens vergeht. Dies spiegelt sich in der Idee wider, dass das Reimen der Persona aufhört, wenn ein anderer beginnt, was auf die begrenzte Zeit und den Raum für die mündliche Äusserung im Rap hinweist. In diesem Kontext könnte die Betonung auf „lässt es" darauf hinweisen, dass das Gehörte nicht kontrolliert oder aufbewahrt werden kann. Im Kontext des Rap bedeutet dies, dass die gesprochenen Lyrics, wenn sie nicht „festgehalten" werden, im Moment der Performance vergehen. Die schriftliche Fixierung auf Papier ermöglicht es dem Rapper/der Rapperin, seine/ihre Botschaften dauerhaft festzuhalten und nur so können sie über die gesprochene Stimme hinaus bewahrt werden. Gleichzeitig bedeutet dies auch, dass das Schreiben eine Voraussetzung für das „rapp' es mir von der Seele" ist.

Die darauffolgende Aussage verknüpft nun der schriftliche Rap als „[m]ein Juwel" und dieser „strahlt lupenrein, wie Halogenlicht". Die Zeile nutzt das Adjektiv „lupenrein", welches auf die Reinheit von Diamanten bei starker Vergrösserung verweist und ein „fehlerfreies, einwandfreies Exemplar" bedeutet.[36] Diese Vergrösserung verdeutlicht das präzise Betrachten der schriftlichen Zeichen, die erst dann reine Bedeutung erkennen lassen. Der Vergleich der Schrift mit einem „lupenreinen" Juwel fungiert als Metapher für die ungetrübte Qualität und Präzision der vom Künstler/der Künstlerin verfassten Zeichen (Raptexten). Die Assoziation mit dem „Halogenlicht" verstärkt die Idee, dass das geschriebene Wort im Rap dazu dient, die feinen Nuancen und tiefgreifenden Bedeutungen der Botschaften des Künstlers/der Künstlerin zu betonen und zu erhellen. Zum einen stellt nämlich das Halogenlicht eine hoch intensive Energiequellen dar[37] und hebt daher die Wichtigkeit der Schrift gegenüber dem Mündlichen hervor. Gleichzeitig ist es aber gerade das geschriebene Wort, welches das starke Licht erzeugt (im Gegensatz zur mündlichen Kommunikation). Zum anderen wird Halogenlicht verwendet, um gefälschte von authentischen Juwelen zu unterscheiden.[38] Die Verbindung zu „makellosen Juwelen" unter „Halogenlicht" zeigt, dass der schriftliche Ausdruck im Rap dazu dient, die Präzision der Botschaft des Künstlers/der Künstlerin zu erzeugen und die Originalität der Zeichen zu bewahren.

In der weiteren Verszeile formuliert die Persona die Anweisung „Augen zu, du kriegst ihn jedes Mal zu sehen." Es wird offensichtlich, dass das Pronomen „ihn" in dieser Zeile nicht auf das Juwel verweist, wie es durch das Pronomen „es" geschehen müsste. Stattdessen handelt es sich um eine Konzeption des Sehens, indem explizit auf „ihn" als den zuvor erwähnten Raptext verwiesen wird. Dieses Paradoxon, das sich aus der scheinbaren Diskrepanz zwischen geschlossenen Augen und gleichzeitigem „Sehen" des Rap ergibt, verweist auf das Geschriebenen als Vorstufe hin, das gelesen werden muss, bevor der volle Sinn erkannt werden kann. Der Sinn offenbart sich erst im Prozess des Betrachtens, bevor er mit geschlossenen Augen innerlich erfahren werden kann. Man könnte den Text auch genau umgekehrt verstehen: zuerst geschlossene Augen/Introspektion, dann Betrachtung und Offenbarung des Sinns. Das Schriftliche im Rap ist bei beiden Ansätzen eine Form der Kommunikation, die auf eine aktive Rezeption seitens des Publikums angewiesen ist.

Die Zeile „[e]ins, zwo, Mic Check, so klingt uns're Ouvertüre" eröffnet eine narrative Wendung und hebt die Bedeutung der vorherigen Textpassagen hervor. Eine Ouvertüre in der Musik ist der einleitende Teil eines grösseren musikalischen Werks, wie einer Oper oder eines Orchesterstücks.[39] Ihre Funktion besteht darin, das Publikum auf das Kommende vorzube-

36 „Lupenrein", in: Duden.

37 „Halogenlampe", in: Dictionary.

38 A.Krüss Optronic.

39 „Overtüre", in: DWDS.

reiten und einen ersten Eindruck von Themen und Motiven zu vermitteln, die im Verlauf des Stücks aufgegriffen werden.[40] Die Zeile impliziert einerseits, dass alles, was zuvor in den Texten geschrieben und vorbereitet wurde, nun in dieser Ouvertüre auf die Bühne gebracht wird. Die Verwendung des Begriffs „mic check" weist auf die Performance-Elemente des Rap hin, bei denen Künstler*innen vor dem eigentlichen Auftritt ihren „Mikrofoncheck" durchführen, um sicherzustellen, dass alles einwandfrei funktioniert. Dies dient als metaphorische Darstellung des Vorbereitungsprozesses für die performative Darbietung. Das Hervorheben der Ouvertüre betont, dass die schriftliche Vorbereitung und die Fixierung der Bedeutung in den vorherigen Texten eine wesentliche Rolle spielen, bevor sie in der Aufführung durch die „Mucke"/Stimme des Künstlers/der Künstlerin zum Leben erweckt werden können. Andererseits verdeutlicht die Betonung der Ouvertüre als Einführung nicht nur den Start des Raptexts, sondern auch das Potenzial für eine Vielzahl von Möglichkeiten im performativen Akt. Sie markiert den Beginn des Rap und symbolisiert zugleich die Idee einer unendlichen Bandbreite an Möglichkeiten, die während der Performance entstehen können. Da die Ouvertüre hier am Ende von Savas' Rap-Text erscheint, deutet dies darauf hin, dass sie den Beginn eines anderen Abschnitts oder einer anderen Aufführung markiert. Dies kann entweder bedeuten, dass der Raptext von vorne beginnt, also erneut vorgerappt wird, oder es markiert den Übergang zu weiteren Verse, die nach der Ouvertüre folgen. Die Auslassungspunkte (die drei Punkte am Satzende) nach „Immer, wenn ich rhyme …" in den letzten Zeilen des Refrains unterstreichen diese Unabgeschlossenheit.

In seinem Rap betont Savas die zentrale Bedeutung der Schrift als Grundlage für diese mündliche Kunstform und regt gleichzeitig zur Reflexion darüber an, dass der Rap selbst sich seiner schriftlichen Basis bewusst sein muss.

Eko Fresh – Rap Tutorial[41]

Eko Freshs *Rap-Tutorial* verrät schon im Titel seine Absicht, eine Anleitung zum Rappen zu geben. Die Persona des Rap thematisiert die Kunst des Rappens, insbesondere die Verwendung von Reimen, sowohl inhaltlich als auch in der praktischen Anwendung. Gleich mit dem einleitenden „Yo!" wendet sich die Persona mit dem rhetorischen Stilmittel der Apostrophe an das Publikum. Der Beginn des Rap setzt den Einer-Reim ein, bei dem einzelne Wörter aufeinander reimen.[42] Dieser wird praktisch als reiner Reim in „Einer/

40 Ebd.

41 Vgl. Eko Fresh 2012

42 Vgl. Greco 2014, S. 36-39.

Keiner“ umgesetzt und von der Persona als „Oldschool“ charakterisiert: Er [der Einer] ist Oldschool, den benutzt heute keiner“. Und doch verwendet Eko Fresh ihn in derselben Zeile. Neben diesem einfachen Reim gibt es auch den „Doppelreim/Mittlerweile benutzt wirklich jeder Trottel ein“. In dieser Zeile rappt die Persona einen Doppelreim, bei dem sich zwei Wörter aufeinander reimen müssen, [43] in „Doppel/Trottel“ und „Reim/Ein“. Die Persona erläutert dann, dass „mittlerweile jeder Trottel einen [Einerreim]“ benutzt. Dies bestätigt die starke Verwendung des Reimschemas im Rap. Sie fährt weiter mit: „Manche denken Tripplereim ist schwerer. Finde ich gar nicht aber bitte bleib beim Thema.“ Mit dieser Definition des Tripplereims, der als „schwierig“ deklariert wird, wird auf die Komplexität eines Raps hingewiesen. Dabei findet die Persona dies „gar nicht “. Während der Tripplereim für andere Rapper*innen schwierig erscheint, beherrscht die Persona ihn mühelos, wie sie direkt in den folgenden Zeilen demonstriert. Eko Fresh benutzt geschickt den Tripplereim zwischen „Vierer/Realer, Fünfer/Künstler und Sechser/Schwätzer“. Auffällig ist, dass er inhaltlich von Vierer-, Fünfer- oder Sechserreime rappt, obwohl er den Dreierreim (Tripplereim) aus der vorherig erläuterten Zeile verwendet. Aber die Sechs ist gar nicht so weit hergeholt, denn wenn man die Silben von „Vierer, Fünfer, Sechser“ zählt, enthalten sie sechs Silben. Das Wort „Sechsers“ bezieht sich also auf den Trippelreim mit sechs Silben (alle drei Reimwörter). Durch die bewusste Wahl der Reimschemas und das darauffolgende Benennen des „Sechsers“ als solches, verdeutlicht Eko Fresh seine Expertise und sein Verständnis von Raptechniken.

Im Zusammenhang der vorherigen Aussage „bitte bleib beim Thema“ betont die Persona die Schrift im Rap. Das bewusst gewählte Spiel von „Unterschied zwischen Realer, Künstler und Schwätzer“ zeigt dies inhaltlich. Während das Reale die persönliche Authentizität repräsentiert[44], verkörpert der Künstler /die Künstlerin eine künstlerisch ausgearbeitete oder stilisierte Identität.[45] Auf der anderen Seite wird der Schwätzer/die Schwätzerin als jemand dargestellt, der ohne Substanz oder Glaubwürdigkeit spricht.[46] Die bewusste Unterscheidung zwischen diesen Identitäten betont die Bedeutung der schriftlichen Komponente im Rap. Sie zeigt, wie die Wahl der Worte, die schriftliche Darstellung und die Authentizität des Ausdrucks wesentlich sind, um zwischen echten, künstlerischen und inhaltslosen Darstellungen zu unterscheiden. Die Aufforderung „bitte bleib beim Thema“ deutet darauf hin, dass die Persona uns Zuhörer bittet, in ihren Aussagen das Wahre und

43 Vgl. Greco 2014, S. 36-39.

44 „Real“, in: Duden.

45 „Künstler“, in: Duden.

46 „Schwätzer“, in: DWDS.

Authentische zu suchen. Gleichzeitig zeigt der „Unterschied zwischen Realer, Künstler und Schwätzer“, wie unterschiedliche Identitäten im Rap kontextualisiert und definiert werden. Eko Fresh könnte darauf abzielen, uns Zuhörer*innen aufmerksam zu machen, dass es wichtig ist, zwischen authentischer, künstlerischer Darstellung und substanzlosem Verhalten zu unterscheiden. An dieser Stelle wird das Problem der Stimme deutlich. Wenn der Rapper/die Rapperin auf der Bühne verschiedene Identitäten verkörpert, sind diese zunächst einmal von vornherein inszeniert, wie Butler deutlich macht. Zudem werden sie vom Publikum nie genau so wahrgenommen, wie der Rapper sie in gesprochenen Worten ausdrücken würde, nach Derrida. Er argumentiert, dass nur die Schrift in der Lage ist, diese multiplen Identitäten oder Ausdrucksformen im Rap zu gewährleisten.

Die Bedeutung der Schriftlichkeit wird in der darauf folgenden Zeile erneut unterstrichen, wenn Eko Fresh geschickt verschiedene Reimtechniken einsetzt. Hierbei führt er den Kreuzreim ein, der üblicherweise durch ein Reimschema charakterisiert ist, bei dem sich eine Zeile auf den übernächsten Vers reimt.[47] Jedoch entscheidet er sich stattdessen für einen Binnenreim mit den Wörtern „Besten/einsetzen“, anstelle des eingeführten Kreuzreims. Diese kreative Nutzung der Sprache verdeutlicht inhaltlich, dass er seine Fähigkeiten als einer der „Besten“ flexibel und nach Belieben „einsetzen“ kann, wo er es für angebracht hält. Die Wahl des Binnenreims unterstreicht stilistisch und syntaktisch eine Betonung auf den Begriff „Besten“, indem dieser sich gerade innerhalb der Zeile mit „einsetzen“ reimt. Dies schafft eine unmittelbare Nähe und Betonung dieses spezifischen Begriffs und trägt dazu bei, ihn als den „Besten“ der „einzusetzenden“ Reime hervorzuheben.

Dieses künstlerische Schaffen wird in den nächsten Zeilen „[a]uch deine grosse Sister nennt mich Flowminister/Hat sich diese Strophe todsicher oben eingetrichtert“ direkt angesprochen. Hierbei weist die Persona auf das zuvor beschriebene stilistische Reimschema hin, das im fliessenden „Flow“ gehalten ist. „Flow“ bezeichnet einerseits den Zustand des vollkommenen Eintauchens in den kreativen Schaffensprozess, der mit Erfolg assoziiert wird.[48] Andererseits verweist es spezifisch im Rap auf den rhythmisch angepassten Sprachfluss zur Musik.[49] In diesen Zeilen reflektiert die Persona darüber, dass das vorher Geschriebene ein erfolgreiches Reimen darstellt, durch das sie sich als künstlerisch versiert (als Flowminister) präsentiert. Gleichzeitig betont sie aber auch, dass sie erst in die Rolle des „Flowministers“ schlüpfen kann, wenn die Strophe sich bereits in ihr Gedächtnis eingegraben hat, wie durch das „todsicher eingetrichtert“ verdeutlicht wird. Die

47 „Kreuzreim“, in: DWDS.

48 „Flow“, in: DWDS.

49 Ebd.

stilistische Verbindung zeigt sich im reinen Binnenreim von „Sister/Minister“ und unreiner Binnenreim „todsicher/eingetrichtert“. Die Verwendung des Begriffs „Flowminister“ in Verbindung mit dem Verb „eintrichtern“ vermittelt die Vorstellung, dass der Künstler/die Künstlerin nicht nur für das Erschaffen von künstlerischem Fluss (Flow) verantwortlich ist, sondern auch für das „Eintrichtern“ von Bedeutung durch Wiederholung und Betonung. Die Wahl des Verbs „eingetrichtert“ verweist auf eine passive Handlung, bei der jemandem mühsam, unmissverständlich und nachdrücklich etwas klargemacht und eingeprägt wird.[50] In diesem Zusammenhang unterstreicht die Wahl des Verbs „eingetrichtert“ die Absicht der Persona, ihre Botschaft unmissverständlich „oben“ in den Köpfen der Zuhörer*innen oder Leser*innen zu verankern, auch wenn sich dieser Prozess als mühsam erweist. Die Zeile verweist somit auf das Problem der Stimme: Wenn die Persona im Flow, also mündlich rappt, bedarf es einer grossen Anstrengung, damit das Gesagte eindeutig verstanden wird. Nach Derrida lässt sich dieses Problem nur mit der Schrift lösen, weshalb die Persona explizit von „diese[r] Strophe“ spricht. Es ist eben „diese Strophe“, die bereits vor dem mündlichen Flow (dem Rappen) in strukturierter Form vorliegen muss. Dies unterstreicht die Bedeutung einer schriftlichen Vorbereitung für eine klare Kommunikation im Rap, vor allem weil eine mündliche Darbietung das Risiko von Missverständnissen oder Unklarheiten birgt.

Diese Thematik wird durch den folgenden Endreim in „Storyteller/Hobbykeller“ verstärkt. Bei diesem Doppelreim handelt es sich aber laut der Persona um einen Zweckreim: „Und weiter, ich erklär euch jetzt den Storyteller/Ein Zweckreim wäre in diesem Fall der Hobbykeller“. Laut Definition ist ein Zweckreim im Rap ein Reim, bei dem die Reimzeilen thematisch wenig miteinander zu tun haben, also der nur wegen der reimenden Funktion eingesetzt wird,[51] wie Storyteller und Hobbykeller. In Bezug auf Derrida könnte diese Betonung des Zweckreims „Storyteller/Hobbykeller“ darauf hinweisen, dass im Akt des Reimens die Priorität nicht zwangsläufig auf der unmittelbaren Bedeutung der Wörter liegt. Vielmehr wird die Bedeutung durch die Beziehung, den klanglichen Zusammenhang und die strukturelle Anordnung der Wörter erzeugt. Mit der Wahl dieser Reimpaare betont Eko Fresh die Fähigkeit eines „Storytellers “, der eine Geschichte nicht nur „erklärt“, sondern durch die sprachliche Kunst des Reimens und der Strukturierung der Wörter vermittelt.

Aber das ist noch nicht alles: Er setzt das Storytelling in den folgenden Zeilen in einer Rahmenhandlung in die Praxis um. Inhaltlich erzählt die

50 „Eintrichtern“, in: DWDS.

51 „Zweckreim“, in: DWDS.

Geschichte von einem Spaziergang zwischen der Persona und ihrem Hund Brutus und dem Verhalten des Hundes:

> ‚Ne Story wär': Ich gehe mit Butkus raus
> Und er trifft da draussen dann auf Katz und Maus
> Er läuft der Katze hinterher
> Ans Kacken denkt er nicht mehr
> Deshalb geh' ich nicht mit dir Gassi, junger Herr
> Er hat die Katze fast geschnappt
> Da fuckte sie ihn ab
> Sie kratzte ihn so krass, dass der Butkus sich erschrak
> Dann habe ich ihn wieder eingefangen und leinte ihn an
> Nein, das war wohl nichts, kleiner Mann.

Die Metapher der Jagd innerhalb der erzählten Geschichte symbolisiert die Beziehung zwischen der Stimme des Rappers/der Rapperin und den geschriebenen Reimen. Die Stimme wird als jagender Hund metaphorisch dargestellt, die sich von den vorgegebenen Reimstrukturen entfernt und in verschiedene Richtungen zieht. Besonders deutlich wird dies im ersten Reimpaar „raus/Maus", in dem der Hund nach draussen gehen muss, weil es dort, wie Butler erklärt, Faktoren gibt, die die Handlung beeinflussen – wie hier die Ablenkung durch die Maus. Die Intervention der Persona, mit der sie die Stimme wieder „einfängt" und „anleint", verdeutlicht die Rolle der Schriftlichkeit bei der Lenkung der mündlichen Performance. Mit anderen Worten: Die Persona geht mit ihrer Stimme Gassi, das heisst, sie rappt, was an der Leine ist, also das, was sie gerade vorher im Rap mit den Reimen (in den lines) geschrieben hat. Die zeigt sich in dem Wortspiel von Leine (Hundeleine) und Lines (englisch für Zeile). Aber wenn er dieser Stimme freien Lauf lässt, fängt sie an, sich nicht mehr an die Struktur des Geschriebenen zu halten und jagt dem hinterher, was sie durch den Kontext ablenkt. Als Folge wird die Stimme von aussen in die Schranken gewiesen, indem die Persona sie wieder an die Leine nimmt, und sich buchstäblich an den Lines, den Reimen, orientiert: „Dann habe ich ihn wieder eingefangen und leinte ihn an". Die in diesem Text enthaltene Geschichte kann als Allegorie dafür verstanden werden, wie Eko Fresh den Lesern/Leserinnen durch Rap eine Anleitung zum Reimen gibt – und zwar als schriftliche Form.

Dies bestätigt sich in dem direkten Appell an die Zuhörer*innen in der folgenden Zeile: „Ich hoffe ihr konntet verstehen." Die Verwendung des Wortes „verstehen" verweist auf den zentralen Aspekt des Niederschreibens. Der Akt des Verstehens erfordert die Auseinandersetzung mit den geschriebenen Inhalten, die die Persona zuvor präsentiert hat. Dabei wird impliziert, dass die Schrift als Medium eine grundlegende Rolle spielt, um Verständnis zu ermöglichen. In dieser Passage unterstreicht die Persona die Vielschichtigkeit ihres Schreibstils und die subtile Art, wie sie mit Reimen und Bedeutungen jongliert. Das Wortspiel mit „Capri-Sonne" verdeutlicht dies besonders. In beiden Zeilen wird das gleiche Wort verwendet, aber durch den Kontext und die Betonung entstehen zwei unterschiedliche Bedeutungen. Während in der ersten Zeile das Geniessen des Getränks thematisiert wird, spielt die zweite Zeile auf die Sonne auf dem Balkon auf der italienischen Stadt Capri an. In Bezug auf Derrida betont die Schriftlichkeit die Möglichkeit, Bedeutungen festzuhalten und zu vermitteln, wie es in der Passage durch das Wort „verstehen" deutlich wird. Die Bedeutung „steht" buchstäblich im Wort „ver*stehen*".

Ebenso wird die Bedeutung der Schriftlichkeit und die Aufforderung an den Hörer/die Hörerin, die subtilen Feinheiten der Sprache zu erfassen, explizit von der Persona erläutert: „Das sind Sachen womit man eine Textzeile kürt". Mit dem Begriff „Kür" wird der Prozess des Schreibens als eine Art künstlerischer Übung charakterisiert, bei der die einzelnen Elemente, wie Worte und Reime, nach Belieben zusammengesetzt werden können.[52] Diese Metapher vermittelt die Vorstellung, dass das Schreiben im Rap eine künstlerische Disziplin ist, die Geschicklichkeit, Kreativität und Bewusstsein für Nuancen erfordert. Dies verdeutlicht die Persona durch die Aussage „[m]anche sagen, ich hab' dieses Ding im Rap eingeführt". Dieser Ansatz zeigt, dass die Persona (und auf einer Metaebene Eko Fresh) nicht nur kreative Techniken anwendet, sondern auch dazu beiträgt, die Grenzen des Genres zu erweitern und neue Ansätze einzuführen. Diese Form der Selbstlobpreisung und Selbstinszenierung im Rap wird als geschickte Verwendung von rhetorischer Sprache und Narrativen betrachtet, die darauf abzielt, den beabsichtigten Effekt zu antizipieren.[53]

Diesen Aspekt zieht Eko Fresh im nächsten Schritt weiter, im Stil der Aufzählung, die eine Art Assoziationsketten von Substantiven sind: „German Dream, Köln Porz, Maisonette, Traumhaus, Makro Markt, Akrobat, Eko Fresh, Kaufrausch". Es offenbart sich eine symbolische Struktur, in der die Reihenfolge der genannten Begriffe eine tiefere Bedeutung in Bezug auf seine musikalische Karriere und seinen kreativen Werdegang trägt. Die Erwähnung von „German Dream" weist auf Eko Freshs eigenes Plattenlabel hin, das diesen Namen trägt. Es ist ein kreatives Wortspiel, das mit der Idee des Träumens und Zielerreichens spielt. Hierbei setzt er sich auf eigene Art mit dem Konzept des „American Dream" auseinander, kontrastiert und interpretiert es neu. Dies bildet den Ausgangspunkt für seine Karriere und veranschaulicht zugleich seinen massgeblichen Einfluss und seine führende

52 „Kür", in: DWDS.

53 Dietrich und Seeliger 2013, S. 129.

Position in der Musikindustrie. Die Erwähnung von „Köln Porz" hebt seine geografischen Wurzeln hervor, wobei dieser Ort auch der Sitz des Labels ist. Die Begriffe „Maisonette" und „Traumhaus" könnten metaphorisch für die schriftlichen Werke und Texte stehen, die er im Verlauf seiner Karriere verfasst hat. Das „Traumhaus" symbolisiert dabei eine fortschreitende und qualitativ höhere Stufe seiner Schöpfungen – von der Maisonette zum Traumhaus. Dies kann sowohl auf die Quantität als auch auf die Qualität seiner Werke bezogen werden. Dieser Fortschritt schafft einen „Makromarkt," was auf eine übergeordnete Ebene oder Plattform hinweist, auf der seine schriftlichen Raptexte gesichert sind und erst dann von einem breiteren Publikum gelesen oder gehört werden können. Hierbei wird auch der kommerzielle Aspekt seiner künstlerischen Bestrebungen betont. Um diese Kunstform zu erreichen, bedient sich der Künstler/die Künstlerin des geschriebenen Wortes und beherrscht die Kunst des Jonglierens mit Worten und Texten sowie den geschickten Einsatz verschiedener Rap-Stile, ähnlich wie ein „Akrobat" Kunststücke beherrscht. Der Bezug zum „Akrobaten" verdeutlicht die künstlerische Geschicklichkeit und Meisterschaft, die er in seiner schriftlichen Ausdrucksweise an den Tag legt. Aber der „Akrobat", von dem gesprochen wird – wer ist das? Es ist Eko Fresh selbst, und so bringt er mit seinem Namen seine Identität in den Text ein. Der „Kaufrausch" schliesslich weist auf seinen Erfolg und seine Popularität hin, die auf seine schriftlichen Werke, die das Publikum zu fesseln vermögen, zurückzuführen sind. Man könnte auch sagen, dass er über ein mehr als gesundes Selbstvertrauen bis zur Arroganz verfügt.

Die Arroganz setzt sich in den folgenden Zeilen fort, wenn die Persona sagt: „Dann gibt's noch was, namens Ausländerrap". Und natürlich beherrscht Freezy den auch aus dem Effeff." Diese Selbstsicherheit wird durch die Wahl des Namens seines Albums, „Freezy", und die Verwendung der Redewendung „etwas aus dem Effeff kennen", was bedeutet, eine Sache sehr gut zu beherrschen, hervorgehoben.[54] Dies betont, dass alles, was Eko Fresh geschickt in seinem Album präsentiert, von ihm meisterhaft beherrscht wird. Zudem wird er von seinen Freunden als „Freezy" bezeichnet,[55] was seine Rolle als Meister des „Ausländerraps" auf einer weiteren Ebene verdeutlicht. Dies demonstriert er praktisch, indem er in den nachfolgenden Zeilen „Ausländerrap" in seinen deutschen Text integriert und damit seine Fähigkeit zur Verwendung fremder Sprachen demonstriert. Zum Beispiel steht „Vallah" für „ich schwöre" aus dem Arabischen[56] und „Para" bedeutet Geld

54 „Effeff", in: DWDS.

55 Vgl. Gossen 2019.

56 Vgl. Canoğlu, S. 346.

auf Türkisch.[57] Wenn man die fremdsprachlichen Ausdrücke zusammenführt, ergibt sich eine klare Botschaft von Eko Fresh: Er selbst oder sein Album „Freezy“ wird als Repräsentation des Rappers dargestellt, der schwört, durch seine Kunst Geld zu verdienen.

In den folgenden Zeilen kommt dies noch stärker in dem Wort „backpacker“ zur Sprache: „Aber ich kann auch wie Backpacker klingen/Du fragst, wie das?“ Der Urban Dictionary definiert einen Backpacker-Rapper als „eine Person, die über den Scheiss im echten Leben rappt, der wichtig ist und den sie erlebt hat“.[58] Diese Aussage der Persona thematisiert den Sprachstil der Backpacker und soll zeigen, dass es nicht nur um die Wichtigkeit des Inhalts, sondern auch um die stilistische Kunst geht. Eko Fresh ist in der Lage, den Stil der Backpacker-Rapper zu imitieren. Mit dem Pronomen „du“ in der Frage „du fragst, wie das“ wird die imaginäre/vierte Wand durchbrochen,[59] und zwar genau so, wie Eko Fresh es hier praktiziert. Er täuscht einen Rap-Stil vor und unterstreicht damit Butlers Idee einer Materialisierung von Identitäten, die im performativen Akt entstehen. Mit dieser Ansprache wendet sich die Persona direkt an das Publikum und so schafft Eko Fresh eine unmittelbare Verbindung, indem er es auffordert, über die Bedeutung von Realität im performativen Auftreten. Dies macht Eko Fresh zu einem Meister seines Fachs par excellence, was durch den Vergleich der Persona mit einem „Sensei“ unterstrichen wird.

Diese Verse von Eko Fresh illustrieren seine Vielseitigkeit als Rapper und die Flexibilität seines Ausdrucks. Er zeigt auf, dass er bewusst zwischen verschiedenen Stilen und Bedeutungsebenen wechselt – von ironischen bis zu tieferen Darstellungen – je nachdem, was er vermitteln möchte. Dies wird in der folgenden Worten „Vergleiche um die Ecke setzen sich bei Fans durch/Doch ich sag euch wo, der Punkt ist – Flensburg“ weitergeführt. Die Zeilen beziehen sich auf die Flensburger Verkehrssünderkartei. Das sind Punkte, die im Strafregister für ein Verkehrsdelikt eingetragen werden.[331] Mit „um die Ecke“, „Punkte“ und „Flensburg“ liefert Eko Fresh den Vergleich mit dem Fahrer/der Fahrerin, der/die Punkte in Flensburg erntet. Der Vergleich zwischen den Punkten in Flensburg und den Anerkennungspunkten für seinen Rap-Stil verdeutlicht, dass die Interpretation seiner Worte je nach Hörer*innen variieren kann, ähnlich wie die unterschiedliche Wahrnehmung eines Fahrers, der Strafpunkte ansammelt. Diese Zeilen unterstreichen die Idee, dass die Bedeutung seiner Performance nicht allein von ihm, sondern von der Vielfalt der Interpretationen seiner Zuhörerschaft abhängt. Somit greift dies auch das Derridasche Problem der Stimme auf, das besagt, dass

57 Vgl. Canoğlu, S. 244.

58 „Backpack Rapper“, in: Urban Dictionary.

59 Vgl. Rabenalt 2020, S. 308.

die Bedeutung eines Gesagten nie exakt so beim Zuhörer/bei der Zuhörerin ankommt, wie es vom Sprechenden intendiert war. Dies reflektiert zugleich Butlers Idee, dass Identitäten nicht vorherbestimmt sind, sondern sich in der Aufführung (Rap-Stil) und durch verschiedene Interpretationen konstituieren.

In der abschliessenden Zeile inszeniert sich Eko Fresh durch sein Kürzel Ek noch einmal als der Tutor du superior schlechthin für uns Leser*innen: „Doch komm erstmal runter vom Ek seinem Schwanz". Die Zeile referiert eine subtile Aufforderung, dass die Leser*innen seine Worte nicht einfach auditiv aufnehmen und ungeprüft glauben sollten. Durch die obszöne Metapher aus dem Porno-Rap appelliert die Persona an den Zuhörer*innen, von Eko Freshs (Ek) „Schwanz" herunterzukommen. Sie impliziert, dass seine (Eko Freshs) Worte nicht als unmittelbare Wahrheit oder unanfechtbare Autorität angesehen werden sollten, sondern dass ein genauerer Blick und eine kritischere Sichtweise angebracht sind.

In geschickter Weise verpackt Eko Fresh die Anleitung für die Rap-Rhetorik in eine praktische Anwendung, die er selbst demonstriert. Der Raptext von Eko Fresh selbst kann wiederum als Allegorie dafür dienen, dass Rap auf schriftlicher Kommunikation basiert und die Grundlage für die kreative, mündliche Performance bildet. An Eko Freshs Song bestätigt sich die in dieser Arbeit analysierte These, dass sich die Schrift im Rap ihrer eigenen Präsenz bewusst ist und diese immer wieder reflektiert.

Samy Deluxe – Halt Dich Gut Fest (mit Die Fantastischen Vier)[60]

Im Raptext *Halt Dich Gut Fest* von Samy Deluxe in Zusammenarbeit mit Die Fantastischen Vier wird die fundamentale Bedeutung der schriftlichen Basis für den Rap thematisiert. Bereits in der einleitenden Strophe zeigt sich eine Apostrophe, in der sich die Künstler (Samy Deluxe und die Fantastischen Vier) mit einem selbstbewussten „wir sind's" an die Leser*innen bzw. Hörer*innen wenden und ihre Identität als Akteure der Performance etablieren. Aus diesem „wir" rappt die Persona (in der Stimme von Samy Deluxe) weiter und präsentiert sich selbst als „der allerletzte, allerbester Rapper. Slash MC, den es gibt, halt dich fest". Sie proklamiert also nicht irgendein MC zu sein, sondern noch der/die letzte verbleibende, und zudem noch Beste. Diese selbstüberhöhende und provokative Selbstdarstellung von Deluxe nutzt rhetorische Mittel wie Alliteration und Hyperbeln (allerbeste/allerletzte), um seine Position als Künstler zu stärken und die Aufmerksamkeit des Publikums zu fesseln. Zudem verwendet er

60 Vgl. Samy Deluxe 2014.

den Begriff „Slash“ in ausgeschriebener Form, welcher normalerweise mit einem Schrägstrich („/“) geschrieben wird. Besonders spannend ist, dass er hier etwas rein Schriftliches (/) mündlich sagt. Die Verwendung von „Slash“ in ausgeschriebener Form dient dazu, die Aufmerksamkeit des Publikums zu lenken und eine Betonung auf diesen Begriff zu legen. Dabei wird eine intertextuelle Referenz zu „Slash“ als der Gitarristen von der Band Guns N‘ Roses gemacht. Durch das ausgeschriebene Wort anstelle des Schrägstriches kommt damit Deluxes hoher Status als Künstler zum Ausdruck. Er ist nicht nur ein MC, sondern ein „Slash MC“, was bedeutet, dass er auf dem Niveau eines „Slash“ in der Rapwelt agiert. Diese Betonung wird durch die Alliteration und Übertreibung von „allerbeste/allerletzte“ weiter verstärkt.

Des Weiteren entpuppt sich in der Zeile eine Anakoluth-Struktur, da der Satz abrupt von einer Beschreibung seiner Identität als Rapper zu der Aufforderung „halt dich fest“ wechselt, ohne eine klare Verbindung zwischen den beiden Teilen herzustellen. Diese Unterbrechung oder Unregelmässigkeit in der grammatischen Struktur erzeugt Aufmerksamkeit und betont den Befehl „halt dich fest“. Zugleich entpuppt sich mit dem „dich“ eine eine Interaktion zwischen den Rezensenten und der anvisierten Rezipientengruppe. Auch hier wird wiederum mit dem „Durchbrechen der vierten Wand“ gespielt.[61] Es ist, als ob die Persona (und auf der Bühne als Samy Deluxe) das Publikum auffordert, sich festzuhalten. Die Aufforderung „halt dich fest“ ist zudem ein durchgängig wiederholtes Motiv.

Die Wendung „halt dich fest“ dient nicht nur als narrative Klammer, sondern trägt auch zur literarischen Tiefe des Textes bei, insbesondere, wenn sie in Verbindung mit Derridas Problem der Stimme und Butlers Ideen zur Konstruktion von Identität betrachtet wird. Diese thematisieren die flüchtige Natur der mündlichen Rap-Performance, bei der der Rap im Moment der Aufführung präsent ist und dann mit dem Augenblick in der Vergänglichkeit verschwindet – weshalb die Rap-Performanz schriftlich festgehalten werden muss. Einerseits dient die Metapher des „Festhaltens“, dass der MC sich selbst daran erinnern muss, sich an den Worten, also gerade am „Slash“, festzuhalten. Dies wird inhaltlich durch die Referenz zu „Slash MC“ als Künstler verdeutlicht. Andererseits wird dieser Gedanke visuell durch den Schrägstrich als physischen Strich dargestellt („/“), an dem man sich wie an einer Querstange festhalten kann. Die Verwendung der Metapher „halt dich fest“ betont ebenfalls, dass das, woran festgehalten wird, bereits vorhanden sein muss. „Slash MC“ ist ein somit mehrfacher Bedeutungsträger: als physischer Gegenstand des Schreibens, aber auch als eine breitere kulturelle Kontextualisierung, an der man sich „festhalten“ muss.

61 Vgl. Rabenalt 2020, S. 308.

Dieses poetische Können erwähnt die Persona in „[t]u so, als ob es keinen anderen gäb/Der so spitten kann, stellt euch hinten an" und hebt damit die Einzigartigkeit und Exzellenz hervor. Gleichzeitig wird subtil angedeutet, dass es andere Rapper*innen gibt, die ebenfalls „spitten" können, und dass der Wettbewerb in der Rap-Szene präsent ist. Die Metapher des Wettbewerbs wird bildlich dargestellt, indem die anderen Rapper*innen in einer Schlange warten, also sich hintenanstellen, um ihre Fähigkeiten zu präsentieren, während der „allerbeste Rapper" vorne steht. Dies zeigt sich in dem inneren Zeilenreim von „spitten kann" und „hinten an". Die Zeilen „chill nicht reich in St. Tropez!/Sondern bin im Studio drinnen, oder im Tourbus, ich bin so ruhelos" verdeutlichen den Einsatz, den ein Rapper/eine Rapperin beim „spitten" (Rappen) aufbringt. Hierbei wird betont, dass die Persona keine luxuriöse Lebensweise wie in St. Tropez bevorzugt, sondern sich aktiv im kreativen Schaffensprozess im Studio oder auf Tour befindet.

Dabei korrigiert die Persona sich selbst, indem sie klarstellt, dass sie nicht ruhelos, sondern in einem permanenten Zustand der Bewegung ist – ähnlich der Verschiebung auf der Signifikantenkette im Konzept der différance. Dies unterstreicht die Relevanz der Schriftlichkeit, die aus der Auseinandersetzung mit den geschriebenen Worten entsteht. Die Wirkung dieser Verbindung wird durch die identische Silbe -los verstärkt und findet im reinen Endreim der folgenden Zeile mit „denke mir was bloss" ihren Ausdruck. Der Künstler/Die Künstlerin vermittelt somit diese fortwährende Bewegung direkt. Die Persona denkt an das „blosse" Zeichen, das sie ausdrücken will, und verweist auf eine vage, blosse Vorstellung ihrer zu vermittelnden Botschaft. Derrida erklärt jedoch, dass die Schrift diese blosse Vorstellung des Auszudrückenden umgehen kann, was in dem folgenden Enjambement von „denke mir was bloss" zu „[i]ch dagegen tun soll, ich brauche einen Kursus" erläutert wird. Das Enjambement, bei der das Subjekt „ich" auf die neue Zeile verschoben wird, erzeugt eine Unterbrechung in der syntaktischen Abfolge, die die Leser*innen/Hörer*innen unmittelbar auf das Subjekt lenkt. Dadurch entsteht zugleich eine rhythmische Verschiebung, die dem Text eine visuelle und akustische Vielfalt verleiht. Die Persona in der Textzeile gibt an, dass sie einen „Kursus" benötigt, um aus dem Zustand der Rastlosigkeit oder Ruhelosigkeit zu entkommen. Die Verwendung des lateinischen Begriffs „cursus" verweist auf das Konzept der Differenzierung und Iteration im Raptext: Als Definition für „Lauf, Fahrt, Weg"[62] steht er als Metapher für den kreativen Prozess des Raptextes, der sich stets zielgerichtet entwickelt. Dies steht auch im Einklang mit Butlers Idee, dass ständig neue Identitäten entstehen. Gleichzeitig wird ein Lauf, ein Weg oder eine Reise aber auch im-

62 „Kursus", in: DWDS.

mer von äusseren Faktoren beeinflusst. Dies unterstreicht den ephemeren und dynamischen Charakter der Rap-Performance.

Auch das Problem der Stimme wird im Folgenden in den Worten „es steht mir zum Hals, wie Rollkragenpullover/Gib mir einen Beat und ich schlag ihn ins Koma“ thematisiert. Die Zeile zeigt eine doppeldeutige Metapher. Einerseits könnte sie darauf hinweisen, dass die Persona ihre Fähigkeiten im Rap als so dominant und kraftvoll empfindet, dass sie metaphorisch gesagt 'Beats in einen komatösen Zustand versetzen kann'. Das „es“ steht für die Fähigkeiten und das Talent des Rappers/der Rapperin, die so stark sind, dass sie die musikalische Begleitung (den Beat) überwältigen und in den Hintergrund drängen. Andererseits kann die Zeile auch im medizinischen Kontext des Komas interpretiert werden. Hier weist das „es“ auf den Herzschlag im Koma hin, der oft sehr schwach und kaum spürbar ist. In dieser Lesart symbolisiert das „es“ die Rap-Performance selbst, und die Worte werden metaphorisch als schwach und fast leblos dargestellt. Der Verweis auf das „es“ als mündliches Rappen, durch den Vergleich mit Atemnot und einem Rollkragenpullover illustriert diese Schwäche der gesprochenen Worte im Vergleich zur schriftlichen Form. In der Schriftlichkeit werden die Worte festgehalten und bewahrt, während sie in der mündlichen Performance vergänglich sind. Dies findet seinen Ausdruck im reinen Reim „over“ mit „Pullover“ (identischer Reim mit -over). Diese Interpretation hebt hervor, wie die schriftliche Basis des Textes eine Art Lebenserhaltungssystem für die Worte darstellt.

Die Persona greift das Thema der sorgfältig vorbereiteten schriftlichen Vorarbeit in der folgenden Zeile auf: „Diese andren Rapper sind so lahm wie mein Opa/Tragen Pyjamas von Barbie in rosa“. Durch den reinen Endreim von „Koma“, „Opa“ und „rosa“ wird eine Verbindung hergestellt. Dies führt zu einem dissing der Persona über die „komatöse“ schwache Performance anderer Rapper*innen, die mit dem Vergleich zu „Opa“ verstärkt und mit dem „rosa Pyjama“ feminisiert wird. Auf der anderen Seite betont die Persona ihre eigene Fähigkeit (boasting), dass ihr Rap-Flow extrem schnell ist, vergleichbar mit der Geschwindigkeit eines roten Ferrari-Autos, womit sie ihre überlegene Fähigkeit, schnell und geschickt zu rappen, verdeutlichen möchte: „Flow so schnell, als ob ich Ferrari in rot fahr'“. Dieser Gedanke verstärkt sich noch mehr in dem auf Stereotypen gesetzt wurde, nämlich die „rosa Pyjamas von Barbie“ und „das Fahren des roten Ferrari“. Die Einführung dieser Stereotypen verstärkt einen konzeptionellen Aspekt im Rap. Diese Stereotypen sind weit verbreitet und tragen spezifische Bedeutungen und Konnotationen: Barbie wird mit rosa und Weiblichkeit assoziiert, Ferrari mit rot und Männlichkeit. Der Reim „rosa“ und „rot fahr“ stellt hier eine Verbindung her, denn die Persona grenzt sich vom rosa Pyjama ab (weibliche Konnotation) und assoziiert sich mit dem roten Ferrari (männliche

Konnotation). Die Einbeziehung dieser Stereotypen im Rap von Samy Deluxe ist eine Art kultureller Referenz oder Zitation. Die Tatsache, dass Samy Deluxe diese Stereotypen in einen neuen Kontext einbettet und transformiert, nämlich in das Rap-Genre des dissing und boasting, reflektiert die Idee der différance. Dies kommt auch inhaltlich zum Ausdruck, da die Persona ihre Identität als schnellster Rapper/schnellste Rapperin zum Ausdruck bringt und sich somit auf das Rappen (flow) als Komponente bezieht. Dies spiegelt Butlers Theorie der performativen Identität wider, die betont, wie soziale Normen den performativen Akt des sprechenden Subjekts beeinflussen. Durch diese Verwendung von vertrauten Bildern und Symbolen versucht er, die Aufmerksamkeit der Hörer*innen auf diese Stereotypen und die damit verbundenen Erwartungen bezüglich Geschlechterrollen oder anderen sozialen Normen zu lenken. Er fordert das Publikum indirekt auf, sich bewusst zu machen, wie diese Stereotypen in der Schrift, also in Texten oder Lyrics, genutzt werden. Er fordert uns Hörer*innen auf, über die impliziten Bedeutungen nachzudenken, die in der Schrift enthalten sind. Dieser Einfluss externer Faktoren auf die Bedeutung im stimmlichen Zeichen unterstreicht Deluxe im Folgenden: Die Zeile „[f]low so schnell, als ob ich Ferrari in rot fahr'" hebt die Flüchtigkeit der mündlichen Sprache hervor. Der Rapflow von Samy Deluxe ist so schnell (wie ein Ferrari), dass er die konventionelle Bedeutung von Wörtern und die übliche Wahrnehmung von Zeit nicht greifbar macht. Dies unterstreicht die Idee, dass Bedeutung in der vorgetragenen Rapmusik eine performative und flüchtige Natur hat, die von verschiedenen Faktoren und Interpretationen beeinflusst wird.

Dies wird in den folgenden Zeilen mit der Inversion der üblichen Reihenfolge des Wegfahrens mit dem Auto geschickt verpackt: „Du sahst, wie ich losfahr und hörtest nur noch Vroom Vroom". Die Verwendung dieser Inversion, bei der zuerst das „Sehen" und dann das „Hören" des Wegfahrens erwähnt wird, verleiht dem Text eine tiefere Bedeutung. Dieser sprachliche Kunstgriff bricht mit der konventionellen Abfolge des Wegfahrens mit einem Auto, bei dem normalerweise zuerst der Motor gestartet wird und dann das Auto losfährt. Die ungewöhnliche Abfolge erzeugt auch eine gewisse Spannung und hebt diese Passage im Text hervor, indem sie einen rhythmischen Kontrast schafft. Gleichzeitig könnte das Brummen nicht als Motor, sondern als Musik aus dem Soundsystem interpretiert werden. Man sieht das Auto wegfahren, aber es ist so schnell, dass man es sofort aus den Augen verliert und nur das Brummen hört. In beiden Fällen symbolisiert die visuelle Erfahrung des „Sehens" vor dem „Hören" eine Art Vorwegnahme der mündlichen Performance. Der/Die Lesende/Hörende erhält zunächst einen visuellen Eindruck von dem, was passiert, und diese visuelle Vorstellung begleitet dann das spätere akustische Erlebnis. Die inhaltliche Inversion verstärkt die visuelle Vorstellung des Weggangs und betont somit die Rolle der Schriftlichkeit als Vorwegnahme des Mündlichen.

Die Persona verwendet in den folgenden Wörtern einen direkten Apostroph, um das Mündliche anzusprechen: „Du meinst echt, du kommst dagegen an mit ‚nem Mofa." Hier verwendet sie eine Metapher, um die schriftliche Form als den leistungsstarken Ferrari darzustellen, während das Mündliche als das „Mofa" symbolisiert wird. Dies erzeugt eine Allegorie, die verdeutlicht, dass das Mündliche (das Mofa) nicht in der Lage ist, das Schriftliche (den Ferrari) zu überholen, da das Mündliche nach dem Schriftlichen kommt. Diese Konnotation von Mofa und Ferrari wird durch den Reim „Mofa" und „los fahr" (mit dem Ferrari) gezogen. Obwohl der Reim „Mofa" und „los fahr" in der mündlichen Präsentation besteht, wird die Dominanz der schriftlichen Form betont: Die Metapher des Ferraris, der dem Mofa immer „die Vorfahrt nimmt", unterstreicht die Überlegenheit der schriftlichen Form in Bezug auf die Beständigkeit und die Möglichkeit, Bedeutungen festzuhalten.

In der nächsten Strophe führt die Persona ihre Betonung der Vorherrschaft der Schrift fort: „Und ja ich bin so international". Dabei leitet sie diese mit der Konjunktion „und" ein und schafft so einen fliessenden Übergang. Hier betont die Persona, dass die schriftliche Fixierung ihrer Lieder es ihr ermöglicht, eine breite internationale Hörerschaft zu erreichen und weltweit präsent zu sein. Allerdings stellt sie gleichzeitig klar, dass, um künstlerischen Erfolg zu erlangen, man „schneller reim' und noch besser sein" muss. Diese Formulierung hebt die Bedeutung des Reimens hervor, was eine wesentliche poetische Komponente des Rap ist. Die anschliessenden Worte „Sperr mich im Keller ein, um noch besser zu werden" dienen als Metapher für die intensive schriftliche Auseinandersetzung mit den Reimen. Dies vermittelt die Idee, dass die schriftliche Arbeit im Rap wie das Schaffen eines Fundaments in einem Haus, sprich im Keller, ist. Das „Einsperren" im Keller symbolisiert die Notwendigkeit eines Rückzugs und einer vertieften Auseinandersetzung, um eine solide Grundlage für den mündlichen Vortrag zu schaffen. Der/Die Künstler*in arbeitet im übertragenen Sinne im Keller an seinem/ihrem Fundament, bevor er/sie sein/ihr Werk der Öffentlichkeit präsentiert. Mit dem Imperativ „sperr", wendet sich die Persona direkt an die Zuhörer*innen. Dieser Appell an die Hörer*innen dient dazu, die Bedeutung und Tiefe der Lyrics gerade in der Schrift (und vor allem in den aufgeschriebenen Reimen) zu erfassen.

Diese schriftliche Kunst des Schreibens im Raptext wirft die Persona dem Publikum in der folgenden Zeile „[e]uch zu überzeugen mit den Überstrophen" an den Kopf. Dieser Begriff könnte auf die Reflexion über die Gestaltung der Rapper/die Rapperin verweisen, dass sie über die normalen Strophen als „Überstrophen" hinausgehen, also als Neologismus für über die üblichen Strukturen des Rap. In anderen Worten steht eine „Überstrophe" für eine erweiterte, tiefgründige Textpassage, die im Kontrast zur herkömmlichen Strophe steht und betont die Bedeutung von Schriftlichkeit – also wörtlich über die Strophe hinaus. Diesbezüglich könnte der Begriff „Überstrophen" auch auf eine erhöhte lyrische Virtuosität hinweisen. In der Schriftkunst des Rap sind Texte oft dicht mit Metaphern, Wortspielen und komplexen Reimen durchsetzt. Eine „Überstrophe" repräsentiert in diesem Fall eine lyrische Tour de Force, bei der der Rapper/die Rapperin seine/ihre schriftlichen Fähigkeiten auf die Spitze treibt. Wenn man als Zuhörer*innen lediglich das Wort „Überstrophe" hört, ist nicht von Ungefähr, dass dies auch als eine Kombination aus „über" und „Strophen" verstanden wird. Auf diese Weise schliesst Samy Deluxe das Thema des Nachdenkens über die Entstehung von Raptexten auf schriftlicher Basis ab, indem er gerade inhaltlich „über die Strophen" rappt. In einem Kontext, in dem die mündliche Aufführung im Rap oft im Vordergrund steht, verweist die Erwähnung von „Überstrophen" auf die bewusste Betonung der schriftlichen Komponente. Es ist ein Appell zum Nachdenken „über die in den Strophen" ausgedrückte Schriftlichkeit und zeigt, wie er die Bedeutungsebene seiner Worte durch Wortspiele und Doppelbedeutungen ausweitet.

Diese Reflexion über das Primat der Schrift wird im Weiteren in „[s]cheint ich bin ein Überflieger" unterstrichen. Der Begriff „Überflieger" könnte dabei auf die Vorläufigkeit oder Inszenierung von Erfolg und Talent verweisen, die sich im Laufe der Zeit verändern oder nicht mehr gefragt sind, und betont damit die Mehrdeutigkeit und Uneindeutigkeit von Bedeutungen, wie sie in Derridas Theorien erläutert werden. Aus diesem Grund „scheint" die Persona nur als Leistungsträger*in. In diesem Sinne zeigt Butler ebenfalls, dass Identität nicht etwas Feststehendes ist, sondern in wiederholten performativen Akten konstruiert wird. Das Label „Überflieger" könnte als ein solcher performativer Akt gesehen werden, in dem die Identität des Rappers/der Rapperin immer wieder anders „scheint". Deshalb sind die „Überstrophen" auch „übertrieben" und deklarieren die Persona als scheinbaren „Überflieger", was durch die identische Präposition „über"- bestätigt wird. Die folgenden Worte „[p]aar Verluste – viele Siege" unterstreichen dieses Scheinbare, die Ambiguität und Mehrdeutigkeit. Hier zeigt sich die Unzuverlässigkeit der Stimme im Rap à la Derrida, dass das Gesagte, d.h. dessen Bedeutung, nicht genau verstanden oder interpretiert werden kann. Es wird es immer einige Verluste geben. Auch die von Butler beschriebene Fluidität der Identität wird hier in Form von Sieg und Verlust ersichtlich.

Dies kommt in der Zeile „[u]nd ihr wisst nicht, was alles hier drin steckt" zum Ausdruck. Die Verwendung von „[a]lles hier drin" verweist auf das schriftliche Manifest (diesen Text), das als begrenzter Bereich betrachtet wird, in dem alle Bedeutungen der Raplyrics enthalten sind. Dies dient als allegorische Darstellung dieses Raps selbst – da ist gerade alles drin. Damit aber etwas „drinstecken“ kann, muss das, was reingesteckt werden soll, schon vorhanden sein, wobei auf das schriftliche Wort im Rap (hier drin) Bezug genommen wird. Die Hörer*innen können also noch nicht alles wissen, bevor sie sich das im Rap „steckende“ (die Schriftzeichen) genauer ansehen. Die nachfolgende Zeile, „[l]inks, rechts, oben, unten, vorne, hinten, fick Rap/Ich mach kein Rap, ich bin Rap“, drückt diesen Gedanken wörtlich aus. Überall auf diesem begrenzten Raum oder Blatt Papier, in allen Richtungen ist Rap. In diesem Prozess kommt Butler ins Spiel – der Künstler/die Künstlerin macht nicht nur Rap, sondern wird zu einer Verkörperung des Rap selbst. Der Raptext selbst wird als eine Materialisierung dieser Identität gesehen oder als Spielraum der subjektiven Selbstinszenierung.[63] In der Zeile „[a]ber eben meintest du noch ‚Fick Rap‘/Heisst das: Fick dich selbst?“ dreht Samy Deluxe die Worte „Fick Rap“, die von der Mündlichkeit stammen, um und bezieht sie auf die Person selbst, nämlich „Fick dich selbst“. Dies verdeutlicht, dass die Mündlichkeit nicht notwendigerweise die Schriftlichkeit abwerten muss, wie es von einigen Strukturalisten früher angenommen wurde (wie de Saussure). Die Frage „[h]eisst das: Fick dich selbst?“ kann auf verschiedene Weisen interpretiert werden, einschliesslich der beleidigenden, umgangssprachlichen Bedeutung, jemanden nicht zu mögen/zu respektieren.[64] Mit dem Synonym der Aussage als „du kannst mich kreuzweise“[65] oder „bleib mir gestohlen“[66] ist eine Ablehnung oder ein Desinteresse an den Worten, d.h. der verbalen Aussage, einer Person gemeint. Die Verwendung dieser Frage kann folglich auf die Betonung der Schriftlichkeit hinweisen, dass das Mündliche dem Schriftlichen „gestohlen bleiben“ kann, da das Geschriebene dauerhaft und als Bedeutungsträger fungiert (wie Derrida erläutert).

Dies wird durch die vorherige Zeile „[l]inks, rechts, oben, unten, vorne, hinten, fick Rap“ in einer Verbindung zwischen dem Geschlechtsakt und den Raptexten betont. Ähnlich wie der Geschlechtsakt körperliche Spuren hinterlässt, hinterlassen Raptexte metaphorische Spuren in Form von Bedeutungen, die aus allen Richtungen (links, rechts, oben, unten, vorne, hinten) kommen. Dies betont die Verbindung zwischen Körperlichkeit und Sprache und weist auf Derridas Idee der Spur hin, bei der Anwesenheit durch Abwesenheit erzeugt wird, ähnlich wie im Geschlechtsakt. Ähnlich wie Butlers Betonung der Materialisierung von Möglichkeiten, die durch mündliche Wiederholung und Performance entstehen, hinterlassen Raptexte metapho-

63 Dietrich und Seeliger 2013, S. 116.

64 „Fuck“, in: Cambridge Dictionary.

65 Ebd.

66 „Du kannst mich mal kreuzweise“, in: DWDS.

rische Spuren in Form von Bedeutungen, die aus verschiedenen Richtungen kommen und verschieden interpretiert werden. Diese verdeutlicht die Vorstellung, dass die stimmliche Komplexität von Bedeutungen oft erfordert, dass sie zuerst schriftlich fixiert werden. Betrachtet man nun die Zeile erneut, so zeigt sich nach der Logik der Substitution, dass die vorangegangene Zeile „[i]ch bin Rap", dass die Schrift nun selbst „fick Rap" ist. Dies wird durch den identischen Endreim „Rap" verstärkt. Das geschriebene Wort ist also auch der „fick Rap", in dem alle Signifikanten und Signifikate um sie herum „ficken" und ist somit der Rap, in dem alle Spuren sichtbar sind. Es ist immer auch eine Konfrontation, also wörtlich ein Fuck, mit sich selbst.

Diese Auseinandersetzung kommt in der folgenden Zeile „[e]h, nicht schlecht, ab und zu weiss ich nicht Recht" erneut zur Sprache. Der „Fick mit sich selbst", zeigt sich in der Problematik der Stimme, wie sie von Derrida diskutiert wird. Hier bezieht es sich auf die Tatsache, dass die Stimme die endgültige Bedeutung eines gesprochenen Wortes oder einer Äusserung nicht vermitteln kann – mit anderen Worten, man kann die Bedeutung nicht „recht wissen". Die Idee der Verschiebung und Mehrdeutigkeit von Bedeutung in der Mündlichkeit in Derridas Sinn wird in „[e]in neuer Samy Deluxe Track/Nachdem deine Ohren summen wie ein Insekt/Weil dieser Ohrwurm drinsteckt" verdeutlicht. Die Verwendung von „nachdem" betont die Abfolge der Ereignisse. Zuerst steckt der Ohrwurm im Ohr, also hört der Zuhörer/die Zuhörerin den Rap-Track, dann summen die Ohren und dann entsteht ein neuer Samy Deluxe Track. Diese Reihenfolge weist auf die Idee hin, dass der Rapper/die Rapperin nicht nur den vorher aufgezeichneten Text vorträgt. Vielmehr wird der Rap-Vortrag selbst zu einem ständig neuen Track, da die beabsichtigte Bedeutung nicht bei allen Zuhörer*innen gleich ankommt. Die Verwendung der Metapher des Summens verdeutlicht die unsichere oder, wie Derrida es beschreibt, unzuverlässige Natur der Stimme. In Bezug auf Butlers Theorie der performativen Identität könnte der Ohrwurm als das vorgelegene Skript oder die vorgefertigte Identität betrachtet werden, die durch die Aufführung und Materialisierung des Akteurs (des Rappers/der Rapperin) Form annimmt und sich entwickelt. Die Auffassung, dass der „Ohrwurm" bereits „drinsteckt", impliziert, dass er bereits existiert (die geschriebenen Zeichen), bevor der Hörer/die Hörerin sie tatsächlich wahrnimmt. Diese Präsentation spiegelt den Gedanken wider, dass zahlreiche Bedeutungen und Interpretationsmöglichkeiten bereits in der schriftlichen Fixierung eines Rap-Textes vorhanden sind und erst durch die mündliche Performance zum Leben erweckt werden. Diese Mehrdeutigkeit zeigt sich in den folgenden Zeilen in der Wiederholung von „bin, bin, bin". Diese sich wiederholende Struktur weist auf die wiederkehrenden Elemente im Rap hin, in Form von wiederkehrenden Themen, die sich im Gedächtnis des Hörers/der Hörerin festsetzen, vergleichbar mit einem Ohrwurm.

Samy Deluxe veranschaulicht diese Vorstellung geschickt durch den Vergleich mit einem „Crackdealer" in der Zeile „Rap wieder mal, wie ein Crackdealer, ha!" Hierbei stellt er die Idee vor, dass er seinen Hörer*innen immer wieder „Stoff" liefert, ähnlich wie ein Dealer immer wieder neue Päckchen von Drogen anbietet. Obwohl der textliche Stoff, den er liefert, sich wiederholt, wird dieser jedes Mal auf eine andere Weise präsentiert und interpretiert. Die Verwendung des Begriffs „reines Gift" in diesem Zusammenhang untermauert die Idee, dass Raptexte rein sind, d.h. nicht mit anderen Substanzen vermischt.[67] Deshalb sollte man als Hörer*in, diese Drogen/dieses Gift auf die Reinheit checken, oder wie die Persona rappt: „Baby check, besser ma'". Diese abschliessende Aufforderung „Baby Check, lieber ma'" dient als Appell an das Publikum, dass der reine Sinn ausschliesslich im reinen Gift, der Schrift, zu erfahren ist. Die Veränderung von „besser" zu „lieber" zeigt eine Verschiebung von der blossen Idee, etwas zu überprüfen oder zu verbessern, hin zu einer stärkeren Betonung, dass es vorzuziehen ist, genauer hinzuschauen, um zu verstehen.

Mit einem Enjambement verknüpft die Persona die nächste Zeile mit „[m]ein Katalog, denn ich habe wirklich viele Klassiker". Die Persona rappt, dass ihre schriftlichen Werke, ihre Texte, zu einem kulturellen Erbe geworden sind, das sie mit Stolz präsentiert. Der Begriff „Klassiker" wird verwendet, um auf Werke hinzuweisen, die im Laufe der Zeit einen hohen kulturellen Wert und anerkannten Status erlangt haben. Klassiker haben oft eine zeitlose Qualität und werden über Generationen hinweg geschätzt.[68] In der Art wie der Satz syntaktisch gegliedert ist, verweist Samy Deluxe mit dem Begriff „Klassiker" auf die Tatsache, dass er ältere Werke, die bereits als Klassiker gelten, für seinen Katalog übernommen hat (da seine noch zu jungen Werke nicht bereits als Klassiker definiert werden können). Das zeigt sich gerade in der obigen Zeile in „pures Gift", einem Stück von Dynamite Deluxe aus dem Jahr 1997. Durch die Integration von „Klassikern" in seinen Katalog verknüpft Samy Deluxe seine eigene Schriftlichkeit mit der bereits etablierten schriftlichen und kulturellen Geschichte des Rap-Genres. Zudem betont die Erwähnung des „Katalogs" und der „Klassiker" die schriftliche Aufzeichnung seiner Werke. Hier wird deutlich, wie die Schriftlichkeit im Rap eine wichtige Rolle bei der Bewahrung und Präsentation von Kunstwerken spielt.

Die folgende Zeile „[f]low provokant wie ein' Mittelfinger" verweisen auf die Provokation und die Herausforderung des etablierten Systems oder der bestehenden Strukturen hin. Der Vergleich mit dem Mittelfinger, der oft als symbolischer Akt der Rebellion oder Desillusionierung betrachtet wird, ver-

67 „Pur", in: DWDS.

68 „Klassiker", in: DWDS.

deutlicht eine kritische Haltung gegenüber den herrschenden Normen und Erwartungen. Aus Butlers Sicht bedeutet dies, dass die künstlerische Performance durch Einflüsse und Normen entsteht und somit die Identität des Rappers konstruiert. Dies wird durch Derridas Lösung des Schreibens umgangen, wie die Persona in der Reprise von „[d]enn ich bin noch immer hier, der allerletzte, allerbeste Rapper. Slash MC, den es gibt, halt dich fest!" unterstreicht. Dies lenkt die Aufmerksamkeit erneut auf die Verschriftlichung des Textes, wie bereits eingangs in „Slash MC" erläutert wurde.

In der dritten Strophe setzt Samy Deluxe erneut auf Vergleiche als rhetorisches Mittel, um die Bedeutung der schriftlichen Fixierung in der Rapmusik zu betonen: „[N]och schneller als Speedy Gonzales/Am Mikrophon, weil es nichts anderes gibt" rappt Samy. Der Vergleich „noch schneller als Speedy Gonzales" verweist auf die Geschwindigkeit, wobei die Präzision seines Raps erst durch die schriftliche Vorarbeit ermöglicht wird. Der Rapper/die Rapperin muss die Worte und den Rhythmus im Voraus genau planen und in seinen Texten festhalten, um sie dann in einer schnellen und präzisen Performance zum Ausdruck zu bringen. Deshalb muss sich der Rapper/die Rapperin buchstäblich „am Mikrophon" festhalten. Der Rapper/die Rapperin hat sich also selbst daran zu erinnern, an den Worten festzuhalten, insbesondere an dem Begriff „Slash" oder eben „am Mikrophon". Die Zeile „Ich bin Keanu in Speed" verstärkt den Effekt des am Schriftlichen Festhaltens, der während der schnellen Performance des Rap erforderlich ist. Die Analogie zu Keanu Reeves' Figur in „Speed" ist hier besonders passend. In dem Film *Speed* muss Keanu Reeves' Charakter das Steuer eines Busses übernehmen und ihn auf einer gefährlichen Fahrt mit hoher Geschwindigkeit halten, um eine potenzielle Katastrophe zu verhindern.[69] Ähnlich dazu muss sich der Rapper/die Rapperin während des schnellen Raps „festhalten", um den „Bus" seiner Performance unter Kontrolle zu halten und die gewünschte Wirkung zu erzielen. Die Erwähnung von „Speedy Gonzales" und „Keanu in Speed" sind kulturelle Verweise, die dem Hörer/der Hörerin einen Kontext schaffen. Diese Art von Intertextualität/Zitation schafft eine Verbindung zwischen dem Raptext und dem kollektiven kulturellen Gedächtnis, die bei der genauen Betrachtung des Textes erschlossen werden kann.

Das genaue Betrachten des Textes zeigt sich in „[d]u ein Rentner, ich ein Renntier". Der Vergleich zwischen einem „Rentner" und einem „Renntier" stellt einen starken Gegensatz zwischen Inaktivität und Bewegung dar. Ein Rentner steht für Ruhe, Inaktivität und eine entspannte Lebensweise, die mit dem Ruhestand assoziiert wird.[70] Demgegenüber symbolisiert das „Renntier" aktive Bewegung, Dynamik und Schnelligkeit. Die bewusste Verwen-

69 IMDb.

70 „Rentner", in: Duden.

dung des Worts „Renntier“ mit dem doppelten „n“ im Vergleich zum Tier „Rentier“ mit nur einem „n“ zeigt ein Wortspiel auf: Es lenkt die Aufmerksamkeit auf das „rennen“ (Renn-tier), das nur durch die schriftliche Konsultation erkannt werden kann. Dies weist auf die Wichtigkeit der schriftlichen Konsultation hin, sowohl inhaltlich als auch stilistisch. Die zusätzliche Betonung durch den Buchstaben verdeutlicht, dass der Rap kein statischer Text ist, sondern einer kontinuierlichen Bewegung von Gedanken und Worten darstellt, ähnlich dem Rennen des Renntiers. Dies wird im Sinne von Derridas différance gezeigt. Aber auch mit Butler zeigt sich, dass Identität keine feste, unveränderliche Eigenschaft ist, sondern vielmehr in einer kontinuierlichen Bewegung von Handlungen und Ausdrucksformen – vom Renntier zum Rentner.

Weitere sprachliche Spielereien rappt die Persona in „mein Benzin ist der fette Beat“. Der Begriff „Benzin“ steht hier metaphorisch für die treibende Kraft hinter ihrer Rap-Performance. Das Wort „fett“ gilt im Rap-Jargon als Form der Begeisterung/Steigerung, als super, grossartig, geil.[71] Das Ergebnis ist wieder: erst braucht es das Auto/den Text, dann das Benzin/den Beat. Das Auto als Metapher für den Text und das Benzin als Metapher für den Beat verdeutlichen, dass die schriftliche Arbeit die Basis für den gesamten Rap-Prozess bildet. Dies geht einher mit Derridas Betrachtung der Schrift und auch Butlers schriftliches Skript. Aus der Perspektive von Butlers Performance verweist die Metapher des Beats als „Benzin“ auch auf die Rolle der Performance bei der Schaffung und dem Ausdruck von Identität. Ohne Benzin, d.h. ohne äussere Faktoren wie Normen oder kulturelle Faktoren, kann überhaupt keine Identität erzeugt werden.

Dies wird in den folgenden Zeilen hervorgehoben: „Diese Energie ist wie Public Enemy meets Prodigy“. Samy Deluxe benutzt Metaphorik und intertextuelle Bezüge, um diese eigene künstlerische Energie im Rap hervorzuheben. Er vergleicht sich mit der Hip-Hop-Gruppe Public Enemy und der Musikband The Prodigy, die im Jahr 2015 eine gemeinsame Europatour starteten und als Traumaufstellung galten.[72] Indem Samy Deluxe sich mit ihnen vergleicht, verdeutlicht er seinen Schaffensprozess im Rap als eine kreative Verschmelzung zweier stilistisch unterschiedlicher, aber einflussreicher Musikgruppen. Diese Metapher betont seine Vielseitigkeit und Fähigkeit, verschiedene Rap-Elemente und Stile in seinem Werk zu vereinen – eine künstlerische Selbstbeschreibung, die seine Fähigkeit zur kreativen Fusion verschiedener musikalischer Einflüsse hervorhebt. Dies wird durch

71 Vgl. Sedlaczek and Baron 2008, S. 55.

72 Sklinar 2015.

die Worte „meets Prodigy/Meets Comedy, meets Politik, meets irgendwas" unterstrichen.

Diese Fähigkeit des Rappers/der Rapperin, geschickt mit Worten zu jonglieren, kommt in der weitere Erwähnung von „rolle Reime von der Lippe so wie Jürgen, krass" zum Ausdruck. Die Zeile enthält einen intertextuellen Verweis auf den Komiker Jürgen von der Lippe, der sich aus der vorangegangenen Zeile „meets Comedy" abgeleitet werden kann. Dies verdeutlicht Deluxes Versiertheit im Umgang mit Worten und weist auf die Fähigkeit hin, „rollende Reime" mühelos und geschickt zu benutzen, ähnlich wie es der erfahrener Komiker Jürgen tut. Dies wird durch die Alliteration des „r" in „rollende Reime" unterstrichen, die dazu beiträgt, nicht nur visuell, sondern auch auditiv die Fähigkeit des Rappers zu betonen, „rollend" zu reimen.

Die Fähigkeit, künstlerische Kreativität und Geschicklichkeit sowohl schriftlich (in diesen Zeilen) als auch mündlich (durch das Verb hören) zu demonstrieren, zeigt sich in der Zeile „[h]ört ihr das, was der Typ da mit den Wörtern macht" gezeigt. Das „Hören" ist als ein Appell an die Zuhörer*innen formuliert und verstärkt auch die Verbindung zur mündlichen Performance, da die Worte für das Publikum hörbar gemacht werden. Die Referenz auf „den Typ" und „Wörter" lenkt die Aufmerksamkeit auf den kreativen Schaffensprozess, bei dem die Rapper*innen ihre Texte schreiben und verfeinern, bevor sie diese mündlich performen. Die Verwendung des Begriffs „Typ" kann auf unterschiedliche Weise interpretiert werden. Zum einen könnte es sich auf Jürgen, „den Typ da", beziehen und damit, wie oben erläutert, als Metapher für den Rapper/die Rapperin selbst stehen, der als Schauspieler*in auftritt. Andererseits definiert der Terminus „Typ" eine „bestimmte Art von Einzeldingen im Unterschied zu anderen Einzeldingen derselben Gattung".[73] Der Etymologie entsprechend wird das Wort aus dem Wort „Type" abgeleitet, welcher als „gedruckter Buchstabe" definiert wird.[74] Damit wird ein Bezug zur Schrift durch das gedruckte Wort „Type" gezogen. In dieser Anspielung wird die schriftlicher Vorarbeit und mündlicher Aufführung im Rap verdeutlicht.

Dies wird im Weiteren durch die rhetorische Frage „[w]ie gestört ist das?" thematisiert. Das Wort „gestört" kann in diesem Kontext auf verschiedene Weisen interpretiert werden, einschliesslich der Bedeutung von verrückt oder zerrüttet.[75] Zugleich steht das Wort als Synonym für „instabil"[76] und verweist somit auf das Spiel mit Signifikanten, im Sinne der différance à la Derrida. Dies trägt zur subtilen Präsentation der schriftlichen Kompetenz

73 „Typ", in: DWDS.

74 Ebd.

75 „Gestört", in: DWDS.

76 „Instabil", in: DWDS.

bei und zeigt, wie Samy Deluxe spielerisch komplexe Wortspiele, Reime und rhetorische Stilmittel ausarbeitet. Indem diese Zeile eine Art rhetorische Frage und Zäsur darstellt, verstärkt es ihre Wirkung. Sie ermöglicht dem/der Hörenden, kurz innezuhalten und über die Bedeutung der Schriftlichkeit im Rap nachzudenken. Um nämlich über das Schreiben nachzudenken, muss das Geschriebene bereits vorhanden sein, und Samy Deluxe demonstriert dies in der folgenden Zeile „auf dem Halftime-Part". Die Präposition „auf" suggeriert, dass die Zeile „dem Halftime-Part" buchstäblich „auf" der rhythmischen Hälfte des Musikstücks platziert ist und daher halb so schnell gespielt wird wie der vorherige Teil.[77] So weist der in der Reihenfolge nachfolgende Neologismus „mit dem Mörderbass" darauf hin, dass der auditive Aspekt, der Bass, also erst nach dem Geschriebenen folgt: Die bedeutungserzeugenden Signifikanten und Signifikate bewegen sich „gestört" auf der Halbzeitlinie und werden begleitet vom „Mörderbass". Würde man sich eben gerade ausschliesslich auf den Höraspekt (Bass) konzentrieren, dann wäre das geradezu „mörderisch". Hier wird also die Unzuverlässigkeit des Mündlichen und auditiven thematisiert.

Betrachtet man diese letzten vier Zeilen, die sich als reine Endreime in „meets irgendwas", „krass", mit dem Binnenreim „hört ihr das" und „Wörter macht", dem Mittelreim zu „gestört ist das" und als Binnenreim mit „Mörderbass" entpuppen, dann wird dadurch sowohl die Bedeutungserzeugung auf schriftlicher Ebene als auch die Unzuverlässigkeit der Stimme ausgedrückt. Die Zeichen schwirren „gestört" auf der Signifikantenkette und „treffen irgendetwas", also tun die Zeichen etwas „Gestörtes" in einem Art Spiel miteinander, und das ist so „krass", dass sie aufgeschrieben werden müssen, damit sie nicht dem „Mörderbass" der Stimme erliegen.

So macht seine schriftliche Manifestation und sein Appell „hört ihr das" an die Zuhörer*innen Samy Deluxe buchstäblich zum „allerletzte[n], allerbeste[n] Slash MC", der mit dieser Repetitio die letzte Strophe beschliesst. Der Appell wird durch „[h]alt dich gut fest" erneut unterstrichen. Diese fast schon mantraartige Wiederholung und Hyperbel bezieht sich, wie oben bereits beschrieben, als eine Erinnerung daran, dass der Rap auf Schrift basiert.

77 Vgl. Perone 2012, S. 15;124.

Fazit

Die Analysen der fünf Raplyrics zeigen auf, was Derrida mit der dekonstruktiven Methode der Werke von de Saussure und Husserl beabsichtigt, nämlich ein reflexion novum, das die Unterordnung der Schrift unter die Sprache ablehnt. Die analysierten Lyrics verdeutlichen, dass Rapper*innen aufgrund der poetischen Komplexität ihrer Texte auf deren Schriftlichkeit als Voraussetzung der Mündlichkeit angewiesen sind. Alle Raps präsentieren eine komplexe Auseinandersetzung mit der Bedeutung der schriftlichen Darstellung. Durch die Analyse der verwendeten Reime und rhetorischen Mittel wird die Vielschichtigkeit des schriftlichen Ausdrucks deutlich. Die Benutzung von Zitaten und Intertexten verdeutlicht die Rolle der Wiederholung (Iteration) und Anlehnung an bestehende Texte. Gleichzeitig thematisieren diese Lyrics die Schwierigkeiten und Grenzen der mündlichen Kommunikation, wodurch Derridas Paradox der Stimme reflektiert wird. Auch die Anwendung von Butlers Konzept der Performativität unterstreicht die kontinuierliche Umformung von Bedeutungen durch interne und externe Faktoren, die während der Performance der Künstler*innen neue Möglichkeiten schaffen und die Interpretation der Zeichen ständig verändern.

In den Lyrics von NF wird die Abhängigkeit des Rap von der schriftlichen Form durch die Metapher der Villa (mansion) eindrücklich illustriert. Die Villa wird als ein in sich geschlossenes Bild des menschlichen Geistes präsentiert, das metaphorisch die schriftliche Manifestation der im Rap auszudrückenden Botschaft des Rappers/der Rapperin vermittelt. Diese Visualisierung betont die Dringlichkeit, Gedanken und Ideen in schriftlicher Form festzuhalten, sei es auf einem leeren Blatt Papier oder einer metaphorischen „leeren Wand" der Villa (mansion). Hier zeigt sich die fundamentale Rolle der Schriftlichkeit als Voraussetzung für das Verständnis von Raptexten. Im Gegensatz dazu reflektiert NF über das Problem äusserer Faktoren, wie z. B. Angstgefühle, die seine eigene Stimme beeinflussen und ihre Authentizität bei der Vermittlung von Bedeutung im mündlichen Diskurs unterbinden.

Yasin Bay führt diese Metaphorik ebenfalls ein und erweitert sie, indem auch er den Raum als Metapher für den Ort des Schreibens verwendet. Dabei legt er besonderes Augenmerk auf die Fixierung und Sicherung eines Zeichens, was durch die symbolische Darstellung eines Wahrzeichens (landmark) verdeutlicht wird. Ein solches Wahrzeichen repräsentiert das niedergeschriebene Zeichen, das als Schlüssel zur „wahren" Bedeutung und dauerhaften Präsenz dient. Die schriftliche Fixierung eines Zeichens wird so als eine Art unvermeidliche „M-O-S-D-E-Finitive" Absicherung verstanden. Durch die Niederschrift seines Künstlernamens selbst will Bay die zeitlose Präsenz und Bedeutung der Schrift für uns Hörer*innen widerspiegeln.

Kool Savas hingegen bedient sich metaphorischer Ausdrücke, um den Prozess des Aufschreibens in Verbindung mit dem Reimen zu setzen. Dabei zeigt er auf, wie dieser Prozess nicht nur Auswirkungen auf den Rap selbst hat, sondern auch auf das Verständnis bei der Zuhörerschaft. Darüber hinaus reflektiert Kool Savas die Wichtigkeit der Schrift des Künstlers/der Künstlerin als Ursprung von Bedeutung. Die Schrift allein ist in der Lage, dem Künstler/der Künstlerin die Luft zum Atmen zu geben und dem Zuhörer/der Zuhörerin Bedeutung zu vermitteln.

Es ist interessant zu sehen, wie Eko Fresh die inhaltliche Erklärung des Reims auf praktische und unmittelbare Weise umsetzt. Er nutzt die Kunst des Reims nicht nur als rein sprachliches Mittel, sondern fügt der Aussage auch eine praktische Komponente hinzu. Indem er diese Reime in seine Texte einbaut und dabei mit einer Vielzahl von Themen jongliert, zeigt er, wie er das reiche Potenzial von Sprache und Reim als Mittel zur Schaffung vielschichtiger und ausdrucksstarker Texte nutzt. Ähnlich wie Derrida die Schrift als primäres Mittel betrachtet, das Bedeutung schafft, demonstriert Eko Fresh die Macht der geschriebenen Sprache durch seine Reimstrukturen. Er geht auch auf die damit verbundene Komplexität der inhaltlichen und stilistischen Sinnstiftung durch metaphorische und allegorische Stilmittel ein. Er spricht das Problem der Stimme bei der mündlichen Darbietung an und appelliert an die Zuhörer*innen, über diesen Aspekt nachzudenken.

Samy Deluxe widmet sich in seinem Rap der schriftlichen Ebene und fordert den Zuhörer/die Zuhörerin direkt auf, sich an den geschriebenen Worte festzuhalten. Diese Aufforderung unterstreicht die zentrale Bedeutung der schriftlichen Dimension im Rap. Er macht damit deutlich, dass die Worte des Rappers/der Rapperin ihren profunden Sinn nicht durch die mündliche Darbietung, sondern auf der schriftlichen Seite entfalten. Durch den geschickten Einsatz sprachlicher Mittel wie Vergleiche und Metaphern stellt er die schriftliche Dimension über die mündliche Stimme und unterstreicht damit die Bedeutung des geschriebenen Wortes.

In ihren Raplyrics haben diese fünf Rapper eine allegorische Darstellung der Schriftlichkeit geschaffen, die als Aufruf verstanden werden kann, Raptexte nicht oberflächlich zu konsumieren, sondern sich intensiv mit ihnen auseinanderzusetzen. Diese praktische Analyse der Raptexte untermauert die These, dass obwohl Rap häufig als rein mündliche Performance betrachtet wird, seine fundamentale Grundlage in den geschriebenen Texten liegt. Damit wird die Wichtigkeit der Schriftlichkeit als Basis und Grundpfeiler für das mündliche Rappen der Lyrics verdeutlicht.

Grenzen

Allerdings offenbaren diese theoretischen Ansätze ihre Grenzen angesichts der Komplexität des Rap. Aufgrund der Verwendung von rhetorischen Stilmitteln, Polysemie, Homophonen, Neologismen und anderen stilistisch und inhaltlich komplexen Bedeutungsebenen in Rap-Texten ist eine eindeutige und allgemeingültige Interpretation nicht möglich. Die Differenz und Kontingenz von Bedeutungen nach Derrida kann im Kontext von Rap zu einer Vielzahl von Auslegungen führen. Obwohl die schriftlichen Rap-Texte als primäre Manifestation vor der mündlichen Performance existieren und somit ein präzises Bedeutungsrepertoire bereitstellen, wie die Arbeit zeigt, kann eine definitive Inklusion oder auch Exklusion der internen und externen Einflussfaktoren, in denen Rapper*innen und Interpret*innen agieren, nicht berücksichtigt werden.

Diese Betrachtung verdeutlicht die Herausforderungen bei dem Versuch, die Vielschichtigkeit von Rap-Texten in einem starren theoretischen und praktischen Rahmen zu fassen. Es muss daher erwähnt werden, dass in dieser Masterarbeit das Ziel verfolgt wurde, die breite Palette sprachlicher Mittel im Rap aufzuzeigen und deren Verbindung zur schriftlichen Manifestation zu beleuchten. Hierbei wird argumentiert, dass die Vielfalt dieser sprachlichen Ausdrucksmittel eine schriftliche Festhaltung impliziert oder erfordert. Die literarische und linguistische Perspektive kann jedoch niemals die Frage nach der Übereinstimmung oder Diskrepanz zwischen dieser Interpretation und den tatsächlichen Gedanken und Absichten des Rappers/der Rapperin beantworten oder praktisch analysieren. Diese Einschränkung oder Unmöglichkeit einer umfassenden Perspektive gilt nicht nur für die Lyrics des Rappers/der Rapperin, sondern auch im Hinblick auf die theoretischen Ansätze von Derrida oder Butler. Es bleibt daher eine Herausforderung, die Raps in ihrer Gesamtheit zu erfassen und ihre multidimensionalen Facetten in den theoretischen Rahmen von Derrida und Butler zu integrieren.

Schluss

„Hip-hop was our way of reporting that story, telling it to ourselves and to the world [] the story that found its voice in the form and, in return, helped grow the form into an art", äusserte sich Jay Z in seinem Buch *Decoded.*[1] Dieses Zitat spiegelt die zentrale Forschungsfrage dieser Masterarbeit wider. Beim ersten Lesen hebt die Aussage die intentionale Ausdrucksabsicht eines Rappers/einer Rapperin hervor, der/die durch die präzise Auswahl von Wörtern eine spezifische Botschaft vermitteln möchte. Bei einer präzisen Auseinandersetzung erschliesst sich die Betonung von Jay Z, dass der mündliche Vortrag (voice) erst durch die schriftliche Form (form) seine volle Ausdruckskraft erreicht, wodurch das Primat der Schriftlichkeit im Rap deutlich wird. Die Schriftlichkeit, das Geschriebene, verleiht dem Rap seine künstlerische Struktur und ermöglicht den Künstler*innen, ihre intendierte Botschaften darzulegen. Das Schriftliche ist, wie der Titel von Jay Zs Werk *Decoded* verspricht, eine Dekodierung (decoded) des Rap. Dieser Gedanke weckt Erinnerungen an Derridas dekonstruktive Methode, die die Leser*innen dazu auffordert, die Bedeutung durch die Schrift als vorrangig zu hinterfragen und anzuerkennen. Ähnlich verfolgen die Rapper*innen Derridas Idee der dekonstruktiven Methode, indem sie die massgebliche Rolle der schriftlichen Dimension im Rap hervorheben. Diese Praxis ist mit dem Appell an das Publikum verbunden, sich auch mit der Schriftform von Raptexten zu beschäftigen, um die Bedeutungsebenen hinter den Worten zu erkennen. Dies zeigt sich in der These dieser Arbeit, dass sich der Rap immer wieder daran erinnert und reflektiert, dass er auf Schriftlichkeit basiert.

Das Grundpostulat dieser Forschungsarbeit bestand darin, Derridas theoretische Perspektiven in den konkreten Analyseprozess eines bisher wenig erforschten Phänomens, nämlich des Rap, anzuwenden. Die schriftliche Vorarbeit, die in den Raptexten steckt, bildet die Grundlage für die künstlerische Entfaltung in der mündlichen Performance. Derridas Hervorhebung der Akzentverschiebung vom Signifikat auf den Signifikanten findet im Rap vielfältige Entsprechungen. Die Fähigkeit der Rapper*innen, mit der Doppeldeutigkeit von Begriffen zu jonglieren, Metaphern, Neologismen und weitere Stilmittel zu verwenden, gestattet es ihnen, mit dem Spiel der différance der Zeichen zu experimentieren und eine tiefere Bedeutungsebenen zu erschaffen. In diesem Kontext wird auch Derridas Kritik an der Präsenz des gesprochenen Wortes im Medium der Stimme deutlich und verweist auf den Zusammenbruch der Zeichen von Sprecher*in und Hörer*in. Das bedeutet, dass nur die Schrift einen Sinn in vollkommener Form hervorbrin-

1 Carter 2010, S.20.

gen kann, weil sie von den Fesseln des physischen Körpers befreit ist. In Bezug auf Butlers Konzept der Performativität zeigt sich diesbezüglich, dass die Rap-Performance eine immer wieder neue Materialisierung von Möglichkeiten darstellt. Die schriftliche Basis des Rap fungiert somit als Ausgangspunkt für den performativen Akt.

In der praktischen Analyse manifestiert sich diese Beziehung zwischen geschriebener und gesprochener Sprache sowohl auf stilistischer Ebene durch den geschickten Einsatz von Metaphern, Vergleichen, Reimen und Wiederholungen, die sich auf die schriftliche Vorlage beziehen, als auch auf inhaltlicher Ebene. Alle Texte fungieren als Allegorie für die Tatsache, dass die performative Stimme des Rap immer wieder darauf aufmerksam macht, dass sie auf einer schriftlichen Grundlage basiert. Der Rap etabliert sich somit als ein Medium, bei dem nicht nur die mündliche Darbietung durch die Stimme von Bedeutung ist, sondern vor allem die schriftliche Vorarbeit fungiert. Das komplexe Zusammenspiel von Schrift, Stimme und Bedeutung im Rap illustriert die elaborierten theoretischen Überlegungen von Derrida und Butler zu Schrift und Sprache auf einer praktischen Ebene. Der Rap ist ein konkreter Schauplatz, auf dem die theoretischen Konzepte von Derrida und Butler in der Praxis erforscht und erlebt werden können.

Dieses Erforschen und Erleben verdeutlichen jedoch auch die Grenzen und Herausforderungen der Anwendung dieser Konzepte auf den Rap. Obgleich die schriftlichen Rap-Texte als Grundlage für die mündliche Darbietung dienen, können die Faktoren, die Rapper*innen und Interpret*innen beeinflussen, nicht vollständig berücksichtigt oder ausgeschlossen werden. Diese Überlegungen verdeutlichen die Grenzen der Erfassung der Komplexität von Rap in einem rigiden theoretischen und praktischen Rahmen. Die schriftliche Interpretation ist keine Garantie für die tatsächlich intendierten Aussagen der Rapper*innen. Dies gilt nicht nur für die Perspektive der Rapper*innen, sondern auch für theoretische Ansätze von Derrida und Butler.

Aufgrund dieser Problematik bietet es sich an, das Verständnis von Autorschaft im Rap und seine Bedeutung für die Analyse und Interpretation der Texte zu untersuchen. Um gerade den Zusammenhang des Rappers/der Rapperin als Autor*in genauer zu erörtern, sind Derridas Gedanken zur Thematik der Autorschaft und des „Todes des Autors", wie sie von Roland Barthes eingeführt wurden, ein essenzieller Ansatz.[2] Der metaphorische Gebrauch des Begriffs „Tod" in Derridas Schriften symbolisiert das Ende der traditionellen Autorität des Schreibenden über die Bedeutung ihres Textes.[3] Er betont, dass die Interpretation eines Werkes nicht allein von den Intentionen des Autors/der Autorin abhängt, sondern von einer Viel-

2 Begemann 2010, S. 122-124.

3 Ebd.

falt an Lesarten und Kontexten geprägt wird.[4] Dies spiegelt sich in der erläuterten Beschränkung der vorliegenden Masterarbeit wider. Derridas Auffassung hat weitreichende Auswirkungen auf das traditionelle Konzept des Autors/der Autorin, da dieser nicht mehr als unabhängige Quelle unveränderlicher Bedeutung betrachtet werden kann. In Bezug auf den Rap fördern Derridas Schriften zur Autorschaft eine dezentralisierte Sichtweise von Texten und eröffnen neue Perspektiven für die Untersuchung von Schrift (und Mündlichkeit) im Kontext des Rap.

4 Ebd.

Literaturverzeichnis

Bibliografie der Primär- und Sekundärtexte

50 Cent und Kris Ex: From Pieces to Weight: Once Upon a Time in Southside Queens. New York 2006.

A.Krüss Optronic: Falsche Edelsteine erkennen. Hamburg. URL: https://kruessshop.de/anwendungen/mit-uv-licht-falsche-diamanten-erkennen/(10.10.2023).

Androutsopoulos, Jannis: Hip-Hop: Globale Kultur – lokale Praktiken. Bielefeld 2003.

Androutsopoulos, Jannis: Multilingualism, Ethnicity and Genre in Germany's Migrant Hip-Hop.In: Marina Terkourafi (Hg.): The Languages of Global Hip-Hop. New York (2010), S. 19–43.

Apfelthaler, Vera und Kati Röttger: Performance. In: Müller, Jan-Dirk (Hrsg.): Reallexikon der deutschen Literaturwissenschaft: Neubearbeitung des Reallexikons der deutschen Literaturgeschichte. Bd.3 Berlin/New York (2007), S. 41–43.

Austin, John L.: Zur Theorie der Sprechakte (How to do things with Words), Stuttgart 1979.

Begemann, Verena: Der Tod gibt zu Denken. Interdisziplinäre Reflexionen zur (einzigen) Gewissheit des Lebens, Münster/New York/München/Berlin 2010.

Bielefeldt, Christian: Hip-Hop im Candy Shop. Überlegungen zur populären Stimme. In: Beiträge zur Popularmusikforschung 34 (2006), S.135–152.

Bradley, Adam: Book of Rhymes: The Poetics of Hip-Hop. New York 2009.

Braungart, Georg und Dietmar Till: Rhetorik. In: Müller, Jan-Dirk (Hrsg.): Reallexikon der deutschen Literaturwissenschaft: Neubearbeitung des Reallexikons der deutschen Literaturgeschichte. Bd.3 Berlin/New York (2007), S. 290–295.

Buss, Christoph: My Daddy sings the blues, but I rap it. Zur Tradition verbaler Manipulation in Blues- und Rap-Music. In: Hoffmann, Bernd und Helmut Rösing (Hrsg.): ...und der Jazz ist nicht von Dauer: Aspekte afro-amerikanischer Musik. Karben (1998), S. 257–286.

Bussgeldkatalog: Die Verkehrssünderkartei in Flensburg: Alles zum Punktestand. URL: https://www.bussgeldkatalog.org/punkte-flensburg/(10.08.2023).

Butler, Judith: Performative Akte und Geschlechterkonstitution. Phänomenologie und feministische Theorie. In: Uwe Wirth (Hg.): Performanz. Zwischen Sprachphilosophie und Kulturwissenschaften. Frankfurt am Main (2002) [1990], S. 301–322.

Büttner, Jean-Martin: Sänger, Songs und triebhafte Rede: Rock als Erzählweise. Basel 1997.
Caillois, Roger: Die Spiele und die Menschen; Maske und Rausch. München 1966.

Canoğlu, Hatice Deniz: Der deutsch-türkische Mehrsprachigkeitskontext: Etappen des Sprachwandels im Generationenverlauf türkischer Migranten. Berlin 2023.

Carter, Shawn: Decoded Jay-Z. New York 2010.

Cobb, Michael und William Boettcher: Ambivalent Sexism and Misogynistic Rap Music: Does Exposure to Eminem increase Sexism?" In: Journal of Applied Social Psychology 37 (2007), S. 3025–3042.

Culler, Jonathan: Dekonstruktion - Derrida und die poststrukturalistische Literaturtheorie, Neuausgabe. Reinbek bei Hamburg 1999.

De Saussure, Ferdinand: Cours de Linguistique Générale. Publié par Charles Bailly et Albert

Séchehaye avec la collaboration de Albert Riedlinger. Édition critique préparée par Tullio de Mauro. Postface de Louis-Jea Calvet. Paris 1967.

Depta, Klaus: Rock- und Popmusik als Chance. Impulse für die praktische Theologie. Wiesbaden 2015.

Derrida, Jacques: De la Grammatologie. Paris 1967.

Derrida, Jacques: Disséminationen. Herausgegeben von Peter Engelmann. Übersetzt von Hans-Dieter Gondek. Wien 1995.

Derrida, Jacques: Disséminationen. Translated, with an Introduction and Additional Notes, by Barbara Johnson. Chicago 1972.

Derrida, Jacques: Grammatologie. Frankfurt am Main 1974.

Derrida, Jacques: Positionen. Gespräche mit Henri Ronse, Julia Kristeva, Jean-Louis Hou dine, Guy Scarpetta. Graz/Wien 1986.

Derrida, Jacques: Randgänge der Philosophie. Herausgegeben von Peter Engelmann. Aus dem Französischen von Gerhard Ahrens. Wien 1999.

Derrida, Jacques: Die Stimme und das Phänomen. Ein Essay über das Problem des Zeichens in der Philosophie Husserls. Frankfurt am Main 1979.

Derrida, Jacques: Die Stimme und das Phänomen. Übersetzt von Hans-Dieter Gondek. Frankfurt am Main 2003.

Diederichsen, Diedrich: Freiheit macht arm. Das Leben nach Rock'n'Roll 1990–93. Köln 1993.

Dietrich, Marc und Martin Seeliger: Gangsta-Rap als ambivalente Subjektkultur. In: Psychologie und Gesellschaftskritik 37 (2013), S. 113–135.

Feldbusch, Elisabeth: Geschriebene Sprache. Untersuchungen zu ihrer Herausbildung und Grundlegung ihrer Theorie. Berlin 1985.

Fischer-Lichte, Erika: Ästhetik des Performativen. Frankfurt am Main 2004.

Fischer-Lichte, Erika: Performativität. Eine kulturwissenschaftliche Einführung. Stuttgart 2021.

Fischer, Nepomuk: Apache bleibt gleich 2022. Amazon Studios. URL: https://www.primevideo.com/detail/APACHE-STAYS-APACHE/0T0LIQWA1SPY7K8B06036XR4UO (10.10.2023).

Fricke, Harald und Elisabeth Stuck: Textsorte. In: Müller, Jan-Dirk (Hrsg.): Reallexikon der deutschen Literaturwissenschaft: Neubearbeitung des Reallexikons der deutschen Literaturgeschichte. Bd.3 Berlin/New York (2007), S. 612–615.

Friedrich, Thomas und Gerhard Schweppenhäuser: Bildsemiotik: Grundlagen und exemplarische Analysen visueller Kommunikation. Basel 2009.

Gelfert, Hans-Dieter: Wie interpretiert man ein Gedicht? Stuttgart 2007.

Gossen, Simon: Eko Fresh – der Rapper mit dem Onkel-Status. In: TonightNews (2019). URL: https://www.tonight.de/musik/eko-fresh-der-rapper-mit-dem-onkel-status_78763.html (1.11.2023).

Göhring, Thea: Diskursive Kämpfe. Agonalität im politischen Sprachgebrauch am Beispiel des französischen Präsidentschaftswahlkampfs 2017. Berlin 2023.

Greco, Alessandro: Jugendsubkultur Hip-Hop: Ein Sprachrohr für Jugendliche mit Migrationshintergrund in Deutschland? Berlin 2014.

Grübel, Rainer G.: Zur Ästhetik des Wortes bei Michail M. Bachtin. In: Bachtin, Michail M.:- Die Ästhetik des Wortes. Frankfurt am Main (1979), S. 21–89.

Güngör, Murat und Hannes Loh: Fear of a Kanak Planet. Hip-Hop zwischen Weltmusik und-Nazi-Rap. Höfen 2002.

Hartung, Jana: Kollegah im Interview – Zuhälter, Schauspieler, Moslem mit Herz. 2009. https://hiphop.de/magazin/news/kollegah-im-interview-zuh%C3%A4lter-schauspieler-moslem-mit-herz-167871 (10.10.2023).

Hegel, Georg Wilhelm Friedrich: Vorlesungen über die Ästhetik. 1835-1838. URL: https://www.textlog.de/5950.html (10.10.2023).

Heldmann, Konrad: Tropen und Figuren. Lehrmaterialien zur Einführung in das Studium der Lateinischen Philologie. Münster. URL: https://www.uni-muenster.de/imperia/md/content/klassischephilologie/mitarbeiter-dokumente/aarweiler/tropen_und_figuren.pdf (10.10.2023).

Husserl, Edmund: Logische Untersuchungen. Zweiter Band. Untersuchungen zur Phänomenologie und Theorie der Erkenntnis. Halle 1913.

IMDb: Speed. Handlung. URL: https://www.imdb.com/title/tt0111257/plotsummary/ (10.10.2023).

Jemie, Onwuchekwa: Yo' mama!: new raps, toasts, dozens, jokes, and children's rhymes from urban Black America. Philadelphia 2003.

Kabango, Shadrach: Hip-Hop Evolution. Banger Films. 2016.

Kamola, Isaac A. and Shiera S. el-Malik: Politics of African Anticolonial Archive. London/New York 2017.

Klaess, John: Breaks in the Air. The Birth of Rap Radio in New York. 2022.

Klein, Gabriele und Malte Friedrich: Is this real? Die Kultur des Hip-Hop. Frankfurt am Main 2003.

Kochman, Thomas: Toward an ethnography of black American speech behavior. In: ders. (Hrsg.): Rappin´ and stylin´ out. Communication in Urban Black America. Chicago (1972), S. 241–264.

Krämer, Sybille: Sprache, Sprechakt, Kommunikation. Sprachtheoretische Positionen des 20. Jahrhunderts, Frankfurt am Main 2001.

Krämer, Sybille: Sprache – Stimme – Schrift: Sieben Thesen über Performativität als Medialität. In: Paragrana. Internationale Zeitschrift für Historische Anthropologie 7 (1998), S. 33–57.

Krämer, Sybille: Was haben „Performativität" und „Medialität" miteinander zu tun? Plädoyer für eine in der „Aisthetisierung" gründende Konzeption des Performativen. Zur Einleitung in diesen Band. In: Sybille Krämer (Hrsg.), Performativität und Medialität. München (2004), S. 13–32.

Küper, Christoph: Sprache und Metrum: Semiotik und Linguistik des Verses. Tübingen 1988.

Kurz, Gerhard: Metapher, Allegorie, Symbol. Göttingen 1982.

Lausberg, Heinrich: Handbuch der literarischen Rhetorik. Stuttgart 2008 [1960].

Lasky, Julie: Fort Greene, Brooklyn: Fort Greene, Brooklyn: Riding the Wave of Gentrification. In: New York Times 2019. URL: https://www.nytimes.com/2019/11/06/realestate/fort-greene-brooklyn-riding-the-wave-of-gentrification.html (10.10.2023).

Leopoldseder, Hannes: Groteske Welt: Ein Beitrag zur Entwicklungsgeschichte der Nachtstücks in der Romantik. Michigan 1973.

Lucius-Hoene, Gabriele und Arnulf Deppermann: Rekonstruktion narrativer Identität. Ein Arbeitsbuch zur Analyse narrativer Interviews. Wiesbaden 2004.

Lüdtke, Solveig: Globalisierung und Lokalisierung von Rapmusik am Beispiel amerikanischer und deutscher Raptexte. Münster 2006.

Mager, Christoph und Michael Hoyler: Hip-Hop als Hausmusik. Globale Sounds und (sub) urbane Kontexte. In: Helms, Dietrich und Thomas Phleps (Hrsg.): Sound and the city. Bielefeld (2007), S. 45–65.

Major, Clarence: Juba to jive: a dictionary of African-American slang. New York 1994.

Marquardt, Oliver: Kollegah – Kuck auf die Punchline. 2011. URL: https://rap.de/c37interview/9825-kollegah-kuck-auf-die-punchlines/4/(10.10.2023).

Megrejo, Christine: Why is The Bronx Called The Bronx? In: Secre New York (2017).

Menke, Bettine: Dekonstruktion. Lesen, Schrift, Figur, Performanz. In: Einführung in die Literaturwissenschaft, hrsg. v. Miltos Pechlivanos et al., Stuttgart/Weimar (1995), S. 116–137.

Morris, C. Zawadi: Today's Pride of Bed-Stuy: Yasiin Bey aka Mos Def. In: Patch, 2017. URL: https://patch.com/new-york/bed-stuy/today-s-pride-of-bed-stuy-yasiin-bey-aka-mos-def-b95eaa51 (11.10.203).

Nejati, Aria: Kolja Goldstein über Morde, 50 Cent, Familie, Ali As & Mobb Deep. URL: https://www.youtube.com/watch?v=1CtFrKZ0kvs (11.10.2023).

Nielaba, Daniel: Forumsbeitrag. 07. MA: Sprechgesang. Zürich 2022/2023.

Nöth, Winfried: 8. Verbal-visuelle Semiotik. Handbuch Sprache im multimodalen Kontext, edited by Nina-Maria Klug and Hartmut Stöckl. Berlin/Boston (2016), S. 190–216.

Ong, Walter J.: Oralität und Literalität. Die Technologisierung des Wortes. Wiesbaden 2016.

Perone, James E.: The Album. A Guide to Pop Music's Most Provocative, Influential, and Important Creations [4 Volumes]. London 2012.

Petschulat, Jens: Techno, Gothic und Hip-Hop: Musikorientierte Jugendkulturen im soziologischen Vergleich. München 2006.

Potter, Russel: Spectacular Vernaculars. Hip-Hop and the Politics of Postmodernism. New York 1995.

Rabenalt, Robert: Musikdramaturgie im Film. Wie Filmmusik Erzählformen und Filmwirkung beeinflusst. München 2020.

Rimbaud, Arthur: Seherbriefe. In: ders., Sämtliche Dichtungen. Zweisprachige Ausgabe, Übersetzung von Walter Küchler, München, 1997.

Safire, William: The Rap on Hip-Hop. In: Sexton, Adam (Hrsg.): Rap on Rap. New York (1995), S. 39–43.

Schloss, Joseph G: Making beats. The Art of Sample-Based Hip-Hop. Middletown 2004.

Schneider, Daniel: Rappen, was das Zeug hält. Übungen und Projekte für Schule und Jugendarbeit. Mülheim an der Ruhr 2011.

Scholz, Arno: Der französische Rap als Lyrik der Gegenwart? In: Febel, Gisela und Hans Grote (Hrsg.): L'état de la poesie aujourd'hui = Perspektiven französischsprachiger Gegenwartslyrik. Frankfurt am Main/New York (2003), S. 241–256.

Schuhmacher, Eckhard: Performativität und Performance. In: Wirth, Uwe (Hg.): Performanz. Zwischen Sprachphilosophie und Kulturwissenschaften. Frankfurt am Main (2002), S. 383–402.

Sedlaczek, Robert and Roberta Baron: Leet und Leiwand. Wien 2008.

Shusterman, Richard: Kunst Leben. Die Ästhetik des Pragmatismus. Frankfurt am Main 1994.

Sklinar, Kimberley-Marie: The Prodigy kündigen UK- und Europa-Tour mit Unterstützung von Public Enemy an. In: NEN, 2015. URL: https://web.archive.org/web/20150526212536/http://www.neverenoughnotes.co.uk/2015/05/the-prodigy-tour-public-enemy/ (11.10.203).

Stapleton, Katina: From the Margins to Mainstream: the Political Power of Hip-Hop. Media, Culture and Society 20 (1998), S. 219–34.

Tate, Greg: Introduction: Nigs R Us. or How Blackfolk Became Fetish Objects. In: Tate, Greg (Hrsg.): Everything but the burden: what white people are taking from Black culture. New York (2003), S. 1–15.

Verlan, Sascha: Raptexte. Für die Sekundarstufe. Stuttgart 2003.

von Humboldt, Wilhelm: Über die Verschiedenheit des menschlichen Sprachbaues und ihren Einfluss auf die geistige Entwicklung des Menschengeschlechts. Berlin 1836.

Waldenfels, Berhard: Stimme als Leitfaden des Leibes. In: Epping-Jäger, Cornelia und Erika Linz (Hrsg.): Medien/Stimmen. Köln (2003), S. 19–36.

Weimar, Klaus: Enzyklopädie der Literaturwissenschaft. München 1980.

Wenz, Karin: Der Text im Zeitalter seiner technischen Reproduzierbarkeit. In: Nöth, Winfried und Karin Wenz (Hrsg.): Medientheorie und die digitalen Medien. Kassel (1998), S. 159–177.

Wiegel, Martin: Deutscher Rap – eine Kunstform als Manifestation von Gewalt? Marburg 2010.

Wolbring, Fabian: Die Poetik des deutschsprachigen Rap. Göttingen 2015.

Zeise, Tina: Worte und Vinyl. Kommunikative Aspekte der Rapmusik in Deutschland. München 2006.

Bibliografie der Onlinewörterbucheinträge

„25 to life", in Urban Dictionary.
URL: https://www.urbandictionary.com/define.php?term=25%20to%20life (6.12.2022).

„Abakus", in: DWDS. URL: https://www.dwds.de/wb/Abakus (10.10.2023).

„Affäre", in: DWDS. URL: https://www.dwds.de/wb/Aff%C3%A4re (10.10.2023).

„Andacht", in: DWDS. URL: https://www.dwds.de/wb/Andacht (1.11.2023).

„Art-form", in Online Etymology Dictionary.
URL: https://www.oed.com/search/dictionary/?scope=Entries&q=Art-form (6.12.2022).

„Auf Leben und Tod", in: DWDS.
URL: https://www.dwds.de/wb/auf%20Leben%20und%20Tod (1.11.2023).

„Backpack Rapper", in Urban Dictionary. URL: https://www.urbandictionary.com/define.php?term=Backpack%20Rapper (6.12.2022).

„Backronym", in Dictionary.com. URL: https://www.dictionary.com/browse/backronym (10.10.2023).

„Binnenreim", in DWDS. URL: https://www.dwds.de/wb/Binnenreim (6.12.2022).

„Contemplate", in Oxford English Dictionary.
URL: https://www.oed.com/search/dictionary/?scope=Entries&q=Contemplate (10.10.2023).

„Différent", in: Larousse.
URL: https://www.larousse.fr/dictionnaires/synonymes/diff%C3%A9rent/6941 (10.10.2023).

„Différer", in: Larousse.
URL: https://www.larousse.fr/dictionnaires/synonymes/diff%C3%A9rer/6943 (10.10.2023).

„Du kannst mich mal kreuzweise", DWDS.
URL: https://www.dwds.de/wb/du%20kannst%20mich%20mal%20kreuzweise (10.10.2023).

„Eintrichtern", in DWDS. URL: https://www.dwds.de/wb/eintrichtern (10.10.2023).

„Effeff", in DWDS. URL: https://www.dwds.de/wb/Effeff (6.12.2022).

„Fuck", in Cambridge Dictionary. URL: https://dictionary.cambridge.org/dictionary/english/fuck (10.10.2023).

„Flow", in: DWDS. https://www.dwds.de/wb/Flow (1.11.2023).

„Gestört", in: DWDS. https://www.dwds.de/wb/gest%C3%B6rt (10.10.2023).

„Halogenlampe", in: Dictionary. URL: https://www.dictionary.com/browse/halogen-lamp (10.10.2023).

„Instabil", in DWDS. URL: https://www.dwds.de/wb/instabil (10.10.2023).

„Kursus", in DWDS. URL: https://www.dwds.de/wb/Kursus (6.12.2022).

„Künstler", in: Duden. URL: https://www.duden.de/rechtschreibung/Kuenstler (10.10.2023).

„Kür", in DWDS. URL: https://www.dwds.de/wb/K%C3%BCr (6.12.2022).

„Knittelvers", in: DWDS. https://www.dwds.de/wb/Knittelvers (10.10.2023).

„Kreuzreim", in DWDS. URL: https://www.dwds.de/wb/Kreuzreim (6.12.2022).

„Klassiker", in DWDS. URL: https://www.dwds.de/wb/Klassiker (10.10.2023).

„Landmark", in: Oxford English Dictionary. URL: https://www.oed.com/dictionary/landmark_n (6.12.2022).

„Lichtung", in Duden. URL: https://www.duden.de/rechtschreibung/Lichtung#google_vignette (10.10.2023).

„Light", in: Symbolismprojekt University Michigan.
URL: https://websites.umich.edu/~umfandsf/symbolismproject/symbolism.html/L/light.html (1.11.2023).

„Lupenrein", in: Duden. URL: https://www.duden.de/rechtschreibung/lupenrein (10.10.2023).

„Master of ceremonies", Oxford English Languages. URL: https://www.oed.com/search/dictionary/?scope=Entries&q=master+of+ceremonies (10.10.2023).

„Overtüre", in: DWDS. https://www.dwds.de/wb/Ouvert%C3%BCre (1.11.2023).

„Pur", in DWDS. URL: https://www.dwds.de/wb/pur (10.10.2023).

„Rap", in: DWDS – Digitales Wörterbuch der deutschen Sprache, hrsg. v. d. Berlin-Brandenburgischen Akademie der Wissenschaften. URL: https://www.dwds.de/wb/Rap (6.12.2022).

„Rastlos", in DWDS. URL: https://www.dwds.de/wb/rastlos (10.10.2023).

„Real", in: Duden. URL: https://www.duden.de/rechtschreibung/real (10.10.2023).

„Restauration“, in: Duden.
URL: https://www.duden.de/rechtschreibung/Restauration_Erneuerung (10.10.2023).

„Rentner“, in: Duden. URL: https://www.duden.de/rechtschreibung/Rentner (10.10.2023).

„Ruhelos“, in DWDS. URL: https://www.dwds.de/wb/ruhelos (10.10.2023).

„Sampling“, in DWDS. URL: https://www.dwds.de/wb/Sampling (10.10.2023).

„Schwätzer“, in DWDS. URL: https://www.dwds.de/wb/Schw%C3%A4tzer (10.10.2023).

„Spirit“, in Duden. URL: https://www.duden.de/rechtschreibung/Spirit (10.10.2023).

„Spirit“, in DWDS. URL: https://www.dwds.de/wb/Spirit (10.10.2023).

„Spiritus“, in: Duden. URL: https://www.duden.de/suchen/dudenonline/Spiritus (10.10.2023).

„Temperament“, in: DWDS. URL: https://www.dwds.de/wb/Temperament (10.10.2023).

„Ticken“, in: Duden. URL: https://www.duden.de/rechtschreibung/ticken (10.10.2023).

„Typ“, in DWDS. URL: https://www.dwds.de/wb/Typ (6.12.2022).

„Verbum dicendi“, in: Wörterbücher zur Sprach- und Kommunikationswissenschaft (WSK) Online, edited by Stefan J. Schierholz. Berlin, Boston: De Gruyter, 2018. URL: https://www.degruyter.com/database/WSK/entry/wsk_id_wsk_artikel_artikel_19672/html (23.10.2023).

„Wholecar“, in Urban dictionary. URL: https://www.urbandictionary.com/define.php?-term=wholecar (6.12.2022).

„Zweckreim“, in: DWDS. https://www.dwds.de/?q=Zweckreim&from=wb (6.12.2022).

Bibliografie der zitierten Rapsongs

Eko Fresh: Rap Tutorial. Album: Ek to the Roots. 2012.

Kool Savas. Immer wenn ich Rhyme. Album: John Bello Story III. 2010.

MoTrip: Schreiben, Schreiben. Album: Embryo. 2012.

NF (mit Fleurie): Mansion. Album: Mansion. 2015.

Samy Deluxe (mit Die Fantastischen Vier): Halt dich gut fest. Album: Männlich 2014.

Yasiin Bey: Love. Album: Black on Both Sides. 1999.

Anhang

NF – Mansion

Insidious is blind inception
What's reality with all these questions?
Feels like I missed my alarm and slept in
Slept in
Broken legs, but I chase perfection
These walls are my blank expression
My mind is a home I'm trapped in
And it's lonely inside this mansion (mansion, mansion)
Yo, my mind is a house with walls, covered in lyrics
They're all over the place, there's songs in the mirrors
Written all over the floors, all over the chairs
And you get the uncut version of life when I go downstairs
That's where I write when I'm in a bad place and need to release
And let out the version of NF you don't wanna see
I put holes in the walls with both of my fists 'til they bleed
You might get a glimpse of how I cope with all this anger in me
Physically abused, now that's the room that I don't wanna be in
That picture ain't blurry at all, I just don't wanna see it
And these walls ain't blank, I just think I don't wanna see 'em
But why not? I'm in here, so I might as well read 'em
I gotta thank you for this anger that I carry around
Wish I could take a match and burn this whole room to the ground
Matter of fact, I think I'ma burn this room right now
Somehow, this memory, for some reason, just won't burn down
You used to put me in the corner, so you could see the fear in my eyes
Then took me downstairs and beat me 'til I screamed, and I cried
Congratulations, you'll always have a room in my mind
But I'ma keep the door shut and lock the lyrics inside
Insidious is blind inception
What's reality with all these questions?
Feels like I missed my alarm and slept in
And slept in
Broken legs, but I chase perfection
These walls are my blank expression
My mind is a home I'm trapped in
And it's lonely inside this mansion, inside this mansion

Yo, my mind is a house with walls, covered in pain
See, my problem is, I don't fix things, I just try to repaint
Cover 'em up, like it never happened, say, „I wish I could change"
Are you confused? Come upstairs and I'll show you what I mean
This room's full of regrets, it just keeps getting fuller, it seems
The moment I walk into, it's the same moment that I wanna leave
I get sick to my stomach every time I look at these things
But it's hard to look past when this is the room where I sleep
I look around, one of the worst things I wrote on these walls
Was the moment I realized that I was losing my mom
One of the first things I wrote was, „I wish I woulda called"
But I should just stop now, we ain't got enough room in this song
And I regret the fact that I struggled trying to find who I am
And I lie to myself and say I do the best that I can
Shrug it off like it ain't nothing, like it's out of my hands
Then get ticked off whenever I see it affecting my plans
And I regret watchin' these trust issues eat me alive
And at the rate I'm goin', they'll probably still be there when I die
Congratulations, you'll always have a room in my mind
The question is, will I ever clean the walls off in time?
Insidious is blind inception
What's reality with all these questions?
Feels like I missed my alarm and slept in
And slept in
Broken legs, but I chase perfection
These walls are my blank expression
My mind is a home I'm trapped in
And it's lonely inside this mansion, inside this mansion
So this part of my house, no one's been in it for years
I built a safe room and I don't let no one in there
'Cause if I do, there's a chance that they might disappear
And not come back, and I admit, I am emotionally scared
To let anyone inside, so I just leave my doors locked
You might get other doors to open up, but this door's not
'Cause I don't want you to have the opportunity to hurt me
And I'll be the only person that I can blame when you desert me
I'm barricaded inside, so stop watchin'
I'm not coming to the door, so stop knockin', stop knockin'
I'm trapped here, God keeps saying I'm not locked in
I chose this, I am lost in my own conscience
I know that shuttin' the world out ain't solvin' the problem
But I didn't build this house because I thought it would solve 'em

I built it because I thought that it was safer in there
But it's not, I'm not the only thing that's livin' in here
Fear came to my house years ago, I let him in
Maybe that's the problem, 'cause I've been dealing with this ever since
I thought that he would leave, but it's obvious, he never did
He must have picked a room and got comfortable and settled in
Now I'm in a position, it's either sit here and let 'em win
Or put him back outside where he came from, but I never can
'Cause in order to do that, I'd have to open the doors
Is that me or the fear talking? I don't know anymore
It's lonely
Inside (inside), inside (inside)
It's lonely (it's lonely)
Oh, yeah, it's lonely
Inside this mansion

Yasiin Bey – Love

[Intro]
They say that goodness in life belongs to those who believe:
So, I believe. Yes

[Chorus]
I start to think and then I sink
Into the paper, like I was ink
When I'm writing, I'm trapped in between the lines
I escape, when I finish the rhyme
I start to think and then I sink
Into the paper, like I was ink
When I'm writing, I'm trapped in between the lines
I escape, when I finish

[Verse 1]
My pop said he was in love when he made me
Thought about it for a second wasn't hard to see
I could hear he was sincere, wasn't game or promotion
The entire affair's probably charged with emotion
When love call your heart I guess you got to pursue
12-11-73, my life is testament
Praise the beneficent, element that breath
Devoid in the form that make love manifest
I spent my early years in Roosevelt Projects
It was a bright valley with some dark prospects
In '83, Vendy C was the host with the most
I listened to the Rap Attack and held the radio close
I listened to the Rap Attack and held the radio close
This is far before the days of high glamour and pose
Aiyo, power from the streetlight made the place dark
I know a few understand what I'm talking about
It was love for the thing that made me wanna stay out
It was love for the thing that made me stay in the house
Spending time, writing rhymes
Trying to find words that describe the vibe
That's inside the space
When you close your eyes and screw your face
Is this the pain of too much tenderness?
To make me nod my head in reverence?
Should I visit this place in remembrance?

Or build landmarks here as evidence?
Nighttime, spirit shook my temperament
To write rhymes that portray this sentiment
We live the now for the promise of the infinite
We live the now for the promise of the infinite
And we believe in the promise
(Love, love, love, love, love
Love, love, love, love, love)
Yes, yes, y'all, and we don't stop because
[Chorus]
I start to think, and then I sink
Into the paper, like I was ink
When I'm writing, I'm trapped in between the lines
I escape, when I finish the rhyme

[Bridge]
I got love, l-o-v-e and I be
Love, l-o-v-e to emcee
Get love, l-o-v-e and I be
Love, l-o-v-e, I emcee
Get love, l-o-v-e and I be
Love, l-o-v-e to emcee
Get love, l-o-v-e and I be
(Love, Love) The M-O-S D-E-Finitely

[Refrain]
Check it out, y'all (Uh), feel me out, y'all (Say what)
Feel me out, y'all (yeah), hear me out, y'all (Get down)
Check me, out, y'all (Uh, get down, get down)
Feel me out, y'all (Down, down), check it out, y'all
Now hear out (Bounce), y'all
Check me out, y'all (Uh), feel me out, y'all (All around the world)
Check me out, y'all, feel me out, y'all
Feel me out, y'all (Hear me bounce, y'all, get down)
Check me out, y'all, check it out, y'all
[Verse 2]
My folks said they was in love when they made me
I take the love they made me with to make rhymes and beats
(Can you feel?) The raw deal is all-wheel driven (right)
Contemplate the essence of beats, rhymes and livin'
Speech align with the rhythm (right), designed with the rhythm
Ears and eyes keep in good time with the rhythm

I shine with the rhythm, the Black Star Galactica
You're big number fatin', we ancient like the abacus
After us, I see most proceed to be trees
Sprouting leaves, givin' breeze to the we who believe
I M.C., which means I Must Cultivate the Earth
Straight back, straight facts, heartbeats and hard work
I be the „Funky Drummer" to soften the hard Earth
(Amin) Pray Allah keep my soul and heart clean
(Amin) Pray the same thing again for all my team
From Restoration to Fort Greene, and on out to Queens
Uptown To Boogie-down, yo, just look around
Shook up the world like Ali in 6-3 (right)
I'm reaching a height that you said cannot be
I'm bringing a light which you said we can't see
Saw the new day comin', it look just like me
Sun bursts through the clouds, my photo ID
I bring light to your day and raise your degree
The universal magnetic, you must respect it
From end to beginning; bright, true and living
Ever-changing but sustaining magnificent
Building the now for the promise of the infinite
Building the now for the promise of the infinite
Because…
[Chorus]
I start to think, and then I sink
Into the paper, like I was ink
When I'm writing, I'm trapped in between the lines
I escape, when I finish the rhyme

[Bridge]
I got love, l-o-v-e and I be
Love, l-o-v-e to emcee
Get love, l-o-v-e and I be
Love, l-o-v-e, to emcee
Get love, l-o-v-e and I be
Love, l-o-v-e to emcee
Get love, l-o-v-e and I be
(Love, Love) The M-O-S D-E-Finitely

[Outro]
Check it out, y'all

Kool Savas – Immer wenn ich rhyme

My-my-my-my mic check is life or death
For every rhyme I write, it's twenty-five to life
My-my-my-my mic check is life or death
For every rhyme I write
Immer, wenn ich rhyme
Steht die Welt kurz still und ich spür' weder Raum noch Zeit
Denn immer, wenn ich rhyme
Fällt die Last von mir und ich fühl' mich auf einmal frei
Denn dieser Stift hier weist den Weg
Und trägt mich täglich ein Stück näher
Und zwar immer, wenn ich rhy-yme
Immer, wenn ich rhyme
Lass ich mich fallen, wie in ein smoothes Sofa
Rap ist für mich mehr als Disco und ein altes 2Pac-Poster
Ihr rappt Scheisse über grosse Knarren, gutes Koka
Ich dagegen guck ‚n Wholecar, verstehste?
Immer, wenn ich rhyme
Kann ich atmen, ohne Rap, ich stell's mir hart vor
Ich schreib' es hin, wenn ich mir Luft mache, wie ein Ventilator
Es reinigt mich von innen und es dient als Sprachrohr
Meine Träume, meine Artform, verstehst du?
Immer, wenn ich rhyme
Hab ich etwas, woran ich mich festhalte
Ich vergesse die Welt wie ‚ne gelöschte Festplatte
Ich schlage Schneisen in die Lichtung für die Morgensonne
Mit den Mic, immer wenn die Sorgen kommen
Immer, wenn ich rhyme
Heb' ich für kurze Zeit ab und lass' es raus
Sehe diese blaue Kugel von oben wie ‚n Astronaut
Leidenschaft, scheiss mal auf das paper, ich hab alles hier
Ein Stift, ein Blatt Papier, verstehste?
Immer, wenn ich rhyme
Steht die Welt kurz still und ich spür' weder Raum noch Zeit
Denn immer, wenn ich rhyme
Fällt die Last von mir und ich fühl' mich auf einmal frei
Denn dieser Stift hier weist den Weg
Und trägt mich täglich ein Stück näher
Und zwar immer, wenn ich rhy-yme
Immer, wenn ich rhyme
Schreib' ich mir von der Seele, was auf meinem Herzen liegt

Die Schlinge sitzt zu fest um meine Kehle muss den Schmerz besiegen
Hab für manche Krise in meinem Leben einen Vers geschrieben
10 Alben, ich hab immer noch einen Berg von ihnen (immer, wenn ich rhyme)
Doch bau‘ den Berg ab, mit der Hoffnung, die mein Hammer ist
Der Stift wird mein Meissel sein und Stein für Stein fällt von meinem Herzen
Und ich fühl‘ mich bisschen besser danach
Ich blick‘ nach oben und hoff‘, morgen wird ein besserer Tag
Immer, wenn ich rhyme ist es wie immer, wenn ich wein‘ Gefühle brechen aus
Ich finde einen Beat, der mein Gefühl versteht und sprech‘ mich aus
In Hypnose text‘ ich auf‘n Blatt Papier, nächtlich auf-
Wacht am 4, mächtig laut, das ist, wie ich ticke, Bruder (immer, wenn ich rhyme)
Und wenn ich spitte, blute ich meine Wunde aus
Will aus dem Dunkeln raus und das Schreiben hilft mir unermesslich
Ich will runter, Stress ist für meinen Geist nur Gift
Such‘ mir ‚n Beat und ich greif‘ zum Stift und flieg‘
Immer, wenn ich rhyme
Steht die Welt kurz still und ich spür‘ weder Raum noch Zeit
Denn immer, wenn ich rhyme
Fällt die Last von mir und ich fühl‘ mich auf einmal frei
Denn dieser Stift hier weist den Weg
Und trägt mich täglich ein Stück näher
Und zwar immer, wenn ich rhy-yme
Immer, wenn ich rhyme
Verschwindet die Umgebung im Nebel
Tauch‘ ich Worte in Farbe, feuer‘ sie raus in ‚ner Fontäne
Erweck‘ ich Blätter zum Leben, Stifte zum Sprechen, ich wär‘ nix ohne Rap
Und ich weiss, ob ihr wollt oder nicht, ihr merkt es
Immer, wenn ich rhyme
Glänzen ihre Augen, schlägt ihr Herz schneller
Ihr bekommt den besten Flow ever direkt vom Hersteller
Ihnen fehlt der Glanz und deswegen leuchtet mein Stern heller
Food for thought, anstatt ‚n leeren Teller kriegt ihr
Immer, wenn ich rhyme
Hört ein andrer damit auf und lässt es, ich versteh‘s nicht
Ich brauch‘ keinen Therapeuten, rap es mir von der Seele
Mein Juwel strahlt lupenrein, wie unter Halogenlicht
Augen zu, du kriegst ihn jedes Mal zu sehen
Immer, wenn ich rhyme

Verbann' ich die Kälte nach draussen vor die Türe
Eins, zwo, Mic Check, so klingt uns're Ouvertüre
Diese Mucke ist so einzigartig, so verführerisch, so (Herzpumpen)
Du spürst es
Immer, wenn ich rhyme
Steht die Welt kurz still und ich spür' weder Raum noch Zeit
Denn immer, wenn ich rhyme
Fällt die Last von mir und ich fühl' mich auf einmal frei
Denn dieser Stift hier weist den Weg
Und trägt mich täglich ein Stück näher
Und zwar immer, wenn ich rhy-yme
Immer, wenn ich rhyme
Immer, wenn ich rhyme
Steht die Welt kurz still und ich spür' weder Raum noch Zeit
Denn immer, wenn ich rhyme
Fällt die Last von mir und ich fühl' mich auf einmal frei
Denn dieser Stift hier weist den Weg
Und trägt mich täglich ein Stück näher
Und zwar immer, wenn ich rhy-yme
Immer, wenn ich rhyme

Eko Fresh – Rap Tutorial

Yo!
Es gibt soviele Reimarten
Zum Beispiel den Einer
Er ist Oldschool, den benutzt heute keiner
Dann gibt es noch den Doppelreim
Mittlerweile benutzt wirklich jeder Trottel ein'
Manche denken Tripplereim ist schwerer
Find' ich gar nicht, aber bitte bleib beim Thema
Es gibt sogar Vierer, Fünfer und Sechser
Unterschied zwischen Realer, Künstler oder Schwätzer
Und hab ich Bock mit ‚nem Kreuzreim zu flexen
Geb' ich euch einen zum Besten um was neues einzusetzen
Auch deine grosse Sister nennt mich Flowminister
Hat sich diese Strophe todsicher oben eingetrichtert
Und weiter, ich erklär euch jetzt den Storyteller
Ein Zweckreim wäre in diesem Fall der Hobbykeller
‚Ne Story wär': Ich gehe mit Butkus raus
Und er trifft da draussen dann auf Katz und Maus
Er läuft der Katze hinterher
Ans Kacken denkt er nicht mehr
Deshalb geh' ich nicht mit dir Gassi, junger Herr
Er hat die Katze fast geschnappt
Da fuckte sie ihn ab
Sie kratzte ihn so krass, dass der Butkus sich erschrak
Dann habe ich ihn wieder eingefangen und leinte ihn an
Nein, das war wohl nichts, kleiner Mann
Komm ist ok, ich hoffe ihr konntet verstehen
Man kann beim Rappen wirklich jegliche Story erzählen
Ausserdem schreibe ich mal was ignorantes hin
Wo man dasselbe auf dasselbe reimt mit ‚nem anderen Sinn
Zum Beispiel: Ich geniess' die Capri-Sonne
Während du auf dem Balkon nur die Capri-Sonne
Das sind Sachen womit man eine Textzeile kürt
Manche sagen, ich hab' dieses Ding im Rap eingeführt
Dann gibt es noch diesen Aufzählerstyle
Ich hab's zwar erfunden doch weiss auch nicht wie das heisst
German Dream, Köln Porz, Maisonette, Traumhaus, Makro Markt, Akrobat, Eko Fresh, Kaufrausch
Dann gibts noch was, namens Ausländerrap
Und natürlich beherrscht Freezy den auch aus dem Effeff

Bruder, vallah ich mach nur Para
Helal ist legal und nicht mit Haram
Hierbei geht's nicht mal um Reime oder Flow
Sondern das Gefühl für die einzelne Person
Aber ich kann auch wie Backpacker klingen
Du fragst, wie das?
Ich bin einfach Ekrem, der King
Die Essenz meines Verses, die vom Trend weit enfernt ist
Macht mich zum Sensei des Herbstes
Für die Menschheit des Schmerzes
So einen Quatsch, bin ich ironisch, rap ich meistens hoch
Und bin ich ernst, Bruder, rap ich tief, weisst du so
Vergleiche um die Ecke setzen sich bei Fans durch
Doch ich sag euch wo, der Punkt ist - Flensburg
Im Endeffekt, Rap wie du kannst
Doch komm erstmal runter vom Ek seinem Schwanz

Samy Deluxe – Halt dich gut fest

[Intro]
Yeah!
Oh yeah
Ja!
Yeah!
Die Fantastischen Vier!
Yeah!
Samy Deluxe!
Yeah!
Wir sind's!

[Part 1: Samy Deluxe]
Denn ich bin noch immer hier, der allerletzte, allerbester Rapper
Slash MC, den es gibt, halt dich fest
Und so komm ich rein, Ay Caramba - Ey!
Tu, als ob es keinen andern gäb!
Der so spitten kann, stellt euch hinten an
Ja ich bin bekannt, aber chill nicht reich in St. Tropez!
Sondern bin im Studio drinnen, oder im Tourbus, ich bin so ruhelos
Ich meine rastlos, denke mir was bloss
Ich dagegen tun soll, ich brauche einen Kursus
Pilatis und Yoga, die Party ist over
Es steht mir zum Hals, wie Rollkragenpullover
Gib mir einen Beat und ich schlag ihn ins Koma
Diese andren Rapper sind so lahm wie mein Opa
Tragen Pyjamas von Barbie in rosa
Haben nicht annähernd so viel Vokabular
Du warst sogar im 1. Schuljahr wahrscheinlich nur
Ein wahnsinnig doofer Unsympath der so unsympathisch war
Dass man gar nicht hallo sagt, warst mir nicht koscher
Flow so schnell, als ob ich Ferrari in rot fahr'
Du meinst echt, du kommst dagegen an mit ,nem Mofa
Ich glaub nicht, auch nicht, dass du mich einholst
Denn ich nahm dir die Vorfahrt
Du sahst, wie ich losfahr und hörtest nur noch „Vroom! Vroom!"
[Hook: Die Fantastischen Vier]
Halt dich gut fest, Baby, halt dich gut fest jetzt
Halt dich gut fest, Baby, halt dich gut fest
Ha-Halt dich gut fest, Baby, halt dich gut fest jetzt
Halt dich gut fest, Baby, halt dich gut fest

[Part 2: Samy Deluxe]
Und ja ich bin so international
Sorry, nein, ich denk nicht rational
Ich will schneller reim' und noch besser sein
Sperr mich im Keller ein und ich denk, ich schaff's nochmal
Euch zu überzeugen mit den Überstrophen
Es ist übertrieben, wie die Leute meine Lieder lieben
Scheint ich bin ein Überflieger
Wenn ich meine Biographie überfliege
Paar Verluste - viele Siege, diese Liebe ist echt
Und ihr wisst nicht, was alles hier drin steckt
Links, rechts, oben, unten, vorne, hinten, fick Rap
Ich mach kein Rap, ich bin Rap
„Aber eben meintest du noch ‚Fick Rap'
Heisst das: Fick dich selbst?"
Eh, nicht schlecht, ab und zu weiss ich nicht Recht
Ein neuer Samy Deluxe Track
Nachdem deine Ohren summen wie ein Insekt
Weil dieser Ohrwurm drinsteckt
Und ich bin, bin, bin back dieses Jahr
Rap wieder mal, wie ein Crackdealer, ha!
Pures Gift, Baby Check, lieber ma'
Meinen Katalog, denn ich hab echt viele Kla-
Ssiker, ,türlich, sicher, Dicka
Flow provokant wie ein' Mittelfinger
Denn ich bin noch immer hier, der allerletzte, allerbeste Rapper
Slash MC, den es gibt, halt dich fest!
[Refrain: Die Fantastischen Vier]
Halt dich gut fest, Baby, halt dich gut fest jetzt
Halt dich gut fest, Baby, halt dich gut fest
Ha-Halt dich gut fest, Baby, halt dich gut fest jetzt
Halt dich gut fest, Baby, halt dich gut fest

[Part 3: Samy Deluxe]
Oh ja ja ja ja noch schneller als Speedy Gonzales
Am Mikrofon, weil es nichts anderes gibt
Ich bin Keanu in Speed, und ich rief:
„Und ich liebe euch alle, aber wie soll ich die Miete bezahlen
Wenn ihr alle meine Alben aus dem Netz zieht?"
Das' doch nicht sexy, das' doch nicht nett, wie
Könnt ihr das tun, ich bin doch so ein guter MC
Du ein Rentner, ich ein Renntier, und mein Benzin ist der fette Beat

Diese Energie ist wie Public Enemy meets Prodigy
Meets Comedy, meets Politik, meets irgendwas
Rolle Reime von der Lippe so wie Jürgen, krass
Hört ihr das, was der Typ da mit den Wörtern macht
Wie gestört ist das? Auf dem Halftime-Part mit dem Mörderbass
Denn ich bin noch immer hier, der allerletzte, allerbeste Rapper
Slash MC, den es gibt, halt dich fest!

[Refrain: Die Fantastischen Vier]
Halt dich gut fest, Baby, halt dich gut fest jetzt
Halt dich gut fest, Baby, halt dich gut fest
Ha-Halt dich gut fest, Baby, halt dich gut fest jetzt
Halt dich gut fest, Baby, halt dich gut fest
[Outro: Die Fantastischen Vier]
Halt!
Halt!
Halt!